作文高手在一班3

作文最常見的病句

作文名師・文學作家**陳銘磻**的作文書

〔序說〕

用心寫的文章最眞，有心寫的文章最美

除了固定時間必須到位於信義區的補習班上課，教國中小學生作文之外，平日剩餘的時間，我幾乎全坐在書桌前讀書、寫作，偶爾呆愣的讓思維四處遊走，一會兒看窗外師大運動場上的球來球往；一會兒又想著：偷喝一杯咖啡，如何？

不去寫作，我的生活就如一片枯萎的落葉，死氣沉沉的躺在泥地上，不知怎麼自處？

當然，有時候我會轉動腦筋，想一些可以拿來替代只能站在講台上，用口說、講義和粉筆所構成的作文教學方法，我想到分給學生每人一把剪刀、一瓶膠水、一張白紙和幾張舊報紙，讓他們從報紙的文字堆裡，剪下大小不一的鉛字，貼成一段段富有創意的文句，這些文句或許語無倫次，或許語不成句，更甚者，句句離奇，充滿著初學作文者的詭異想法。

有時候，我會帶著一只裝滿我的小孩不再拼玩，零散的、組裝式的小型機器人，或者是拆卸下來的樂高遊戲積木，讓學生們按照自己的想法、美感，重新把這些遊戲玩具，拼湊出一個個新造型的樣式出來。我要學生知道，文章的寫成和組合樂高玩具一樣，都是由一堆零散的部件，一個一個拼組完成，願意發想創意的學生，會賦予機器人新的生命，形成另一組不同造型又模樣特別的玩具；作文何嘗不也如拼湊樂高玩具一樣，是經由一個字一個字組合成一句話、一個段落，最後再把幾個段落組織完成一整篇。

組合機器人和堆疊樂高玩具時，所有學生大都能全心一意、專心一致的埋頭在部件的選擇、比較和組裝。這個剛好，可以；這個太小，不行。全心和專心投入，使他們迅速完成一組新機器人的拼裝，看到自己親手拼湊成的新玩具，學生們個個笑到合不攏嘴。

那麼作文呢？怎麼寫起作文來就不是這麼一回事了，看每一個人拿起筆來時，不是東張西望，就是趴在桌上不言不語。

作文跟組裝機器人和堆疊樂高玩具一樣呀！你想要完成一部怎樣的機器人，就得先把所有的材料準備好，再構想要從哪裡著手拼湊起，用心構思再下手就對了。作文一樣如此，用心構想要怎麼寫下第一段？用甚麼文字去表達？如何組字成詞，組詞串句，組句為段？同時賦予所有的文字和段落一種獨特的生命體出現。

有時候，我也會把上課的教室移到戶外，要學生閉嘴張眼，用心走一段路到某一個定點，有時是公園，有時是華納威秀影城，有時是誠品書店，我要他們看人、看街景、看自己的心，然後在返回教室之後，把個人沿途觀察到的所見所聞、所思所想敘說下來，我讓他們練習用敘述的方式把心思全部表達出來。

這是我的作文教學，我不止要學生利用上課前背詩詞、古文，背朱自清、吳晟，我還會要求他們回家寫作業，每週抄一段心經、孝經、詩經，除了寫字，還要心領神會。

我告訴學生，作文是多樣的，就像生活那樣，充滿著許許多多的可能和不可能，可變和不可變，更像媽媽作菜那樣，切丁？切片？用炒？用蒸？還是用碳烤？加不加鹽？快火？慢燉？色香味如何調配？媽媽們總有自己獨到的手藝和無法被抹滅掉的深刻經驗，以及用心作菜給家人享用的誠懇態度。

我告訴他們，作文不難，也沒甚麼大道理可言，只要用心、專心、細心把心中的想法、見解，清清楚楚、誠心誠意、有條不紊的表達出來即可，用心寫的文章最真、有心寫的文章最美。

目錄

HB

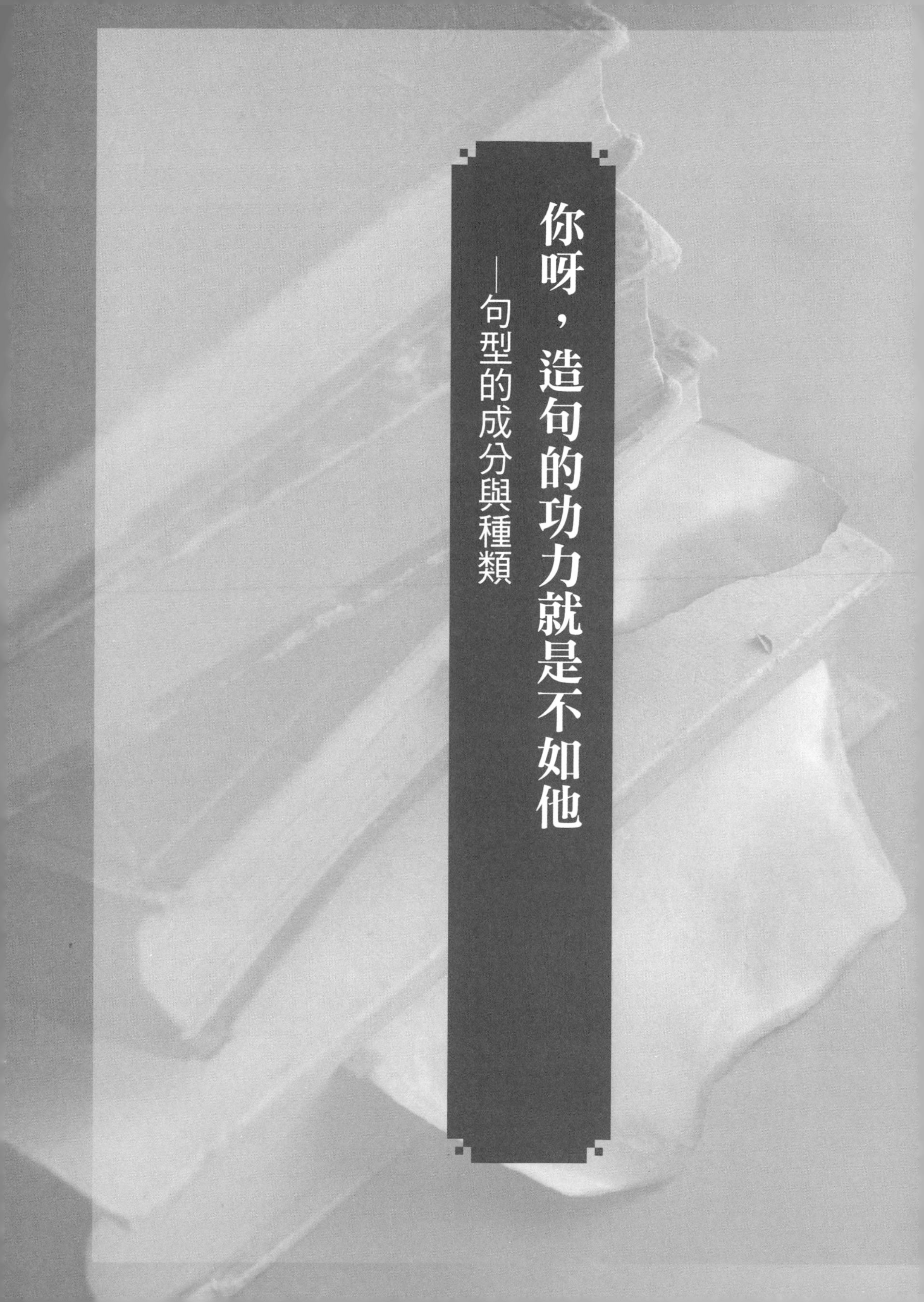

你呀，造句的功力就是不如他

—句型的成分與種類

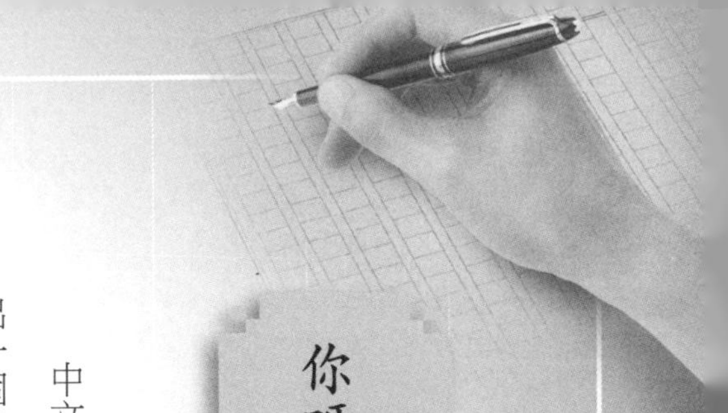

你呀，造句的功力就是不如他——句型的成分與種類

中文「句子」的意思是指，將兩個或兩個以上的詞加以有系統、有組織的排列、組合，並表達出一個完整意義的句型；也就是說，句子被語言或文字使用時，為一個獨立的表達單位。例如：「鳥飛」這兩個字組成的句子，意思完整，意義也清晰，是一個獨立的表達單位，可以稱為句子。「我喜歡鳥」，意思也完整，同樣為句子。

句子的組成分為四個部分：基本成分，包括主語、謂語和賓語；附加成分，包括定語、狀語和補語；獨立成分，包括插說語、呼語、感歎語和象聲語；特殊成分，包括全句修飾語和複說語等。

其中，主語是謂語的陳述對象，亦即能指出謂語說的是誰或是甚麼的句子成分。一般句子必須包括有主語和謂語；主語在前，謂語在後，例如：「你呀，造句的功力就是不如他。」、「我們現在的生活很幸福。」等。有時主謂語會因表達的需要而變動位置，例如：「這是聽誰說的你？」也算是句子。

再來，定語是用在名詞前，表示領屬、性質和數量等的修飾成分。名詞、代名詞、形容詞、數量詞等都可以做定語。例如：慈善機構（名詞）、新鮮蔬果（形容詞）、一輛卡車（數量詞）等。

狀語是動詞、形容詞前面的修飾語，它指出動作行為或者性狀「甚麼樣」、「甚麼時候」、「甚麼地方」等情況。狀語可以用來表示動作、情態、程度、處所、時間、範圍、重複、肯定和否定等。如：「孫一美非常喜歡吃青菜沙拉。」（表示程度）。充當狀語的詞尚包括副詞、形容詞、動詞、代名詞和名詞等。

補語是動詞或形容詞後面的補充成分，例如：「陶復邦喝酒喝醉了」、「黃昏的天空美極了」；這兩個句子中的「醉」和「極」是補語。補語的作用是用來說明動作的結果、趨向、可能，形容的狀態和程度等。補語只能是動詞、形容詞和副詞，不能為名詞。

中文句子的類型，按結構劃分可分為「單句」和「複句」；按作用劃分則可分為「陳述句」、「疑問句」、「祈使句」、「感嘆句」和「有無句」等。

單句部分：

◎主謂句：由主謂詞組構成的句子，稱為主謂句。

動詞謂語句。如：我是台灣人。購買力提高許多。陳老師教我們作文。一句話逗得大家笑呵呵。

形容詞謂語句。如：草原綠了。瀨戶大橋十分雄偉。書包重得十分嚴重。她真漂亮。

名詞謂語句。如：今天星期六。十二月二十五日耶誕節。小李高高的個子。許瑩瑩台北人。

主謂謂語句。如：謝昆林心事重重。他脾氣暴躁。這個議題我研究過。老張一個大字也不認識。

◎非主謂句：由單個詞或主謂詞組以外的詞組構成的句子，稱為非主謂句。

名詞非主謂句。如：好大的雨啊！多麼美的風景！我的錢呢？一段溫馨的談話。

動詞非主謂句。如：颳風了。隨手關門。請勿抽菸。加油！

形容詞非主謂句。如：好棒呀！太好了！快一點。多好哇！

嘆詞非主謂句。如：唉！跟來了。喂！抓緊點。啊！真是一言難盡。哎喲！

複句部分：

並列關係。關聯詞有：也，又，既……又，一邊……一邊，不是……而是。如：「他一邊說，一邊哭。」、「他既不能外出，又沒事可做。」

承接關係。關聯詞有：又，於是，然後。如：「他走到池畔去，輕輕拉起她的手。」、「他盛好飯，端過去，輕輕放在桌上。」

遞進關係。關聯詞有：不但……而且，並且，甚至，更，不但不……反而……。如：「這本書我中學時代看過，而且看過不止一遍。」、「這種深海魚不僅肉質富彈性，而且很好吃。」、「我熱愛台灣，特別熱愛台灣的夜市小吃。」

選擇關係。關聯詞有：與其……不如，或者……或者，不是…就是，要嘛…要嘛。如：「與其站在那裡被打，不如跟他拼了。」、「要嘛是你拿錯了，要嘛就是我弄糊塗了。」

總分關係。至少需要有兩個層次。如：「人生的意義不同，有的捨生取義，有的苟且偷生。」、「死亡可分為兩類，一類是自然的，一類是非自然的。」

轉折關係。關聯詞有：卻、然而、但、不過、雖然……但是。如：「他個頭不高，心胸卻開闊。」、「小明年紀不大，見聞卻很廣博。」

假設關係。關聯詞有：如果……就，即使……也，假如……就。如：「即使有千萬困難橫阻眼前，也擋不住我們征服大霸尖山的決心。」、「如果沒有先前一次次的失敗經驗，就不會獲得最後的勝利。」

條件關係。關聯詞有：只有……才，除非……才，無論（不管）……也（都）。如：「無論考題多難，都要全力以赴。」、「只有仔細推敲，才能把公式的含義弄清楚。」

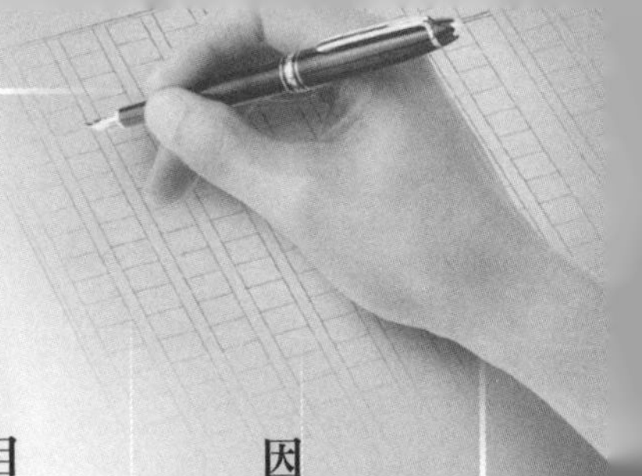

因果關係。關聯詞有：因為……所以，既然……那麼，之所以……是因為。如：「既然你志在當歌星，那麼平時就要把歌唱練好。」、「因為重感冒，所以今天晚上的應酬就不去參加了。」

目的關係。關聯詞有：為了，為……起見，以便，為的是。如：「為了保有我們之間的友誼，話就不必多說了。」、「為生命安全起見，喝完酒後你就別開車了。」

作文老師的叮嚀

鬼靈精的許毅源作文時喜歡玩弄字句顛倒的遊戲，有一回，作文老師出了「畢業感言」的題目，他竟然在「願你記住我」這個句子後面，附加了一句：「請倒過來唸。」老師果真倒著唸了一遍，隨後在評語上寫著：「文字遊戲誰不會？蔣介石總統死後，大家尊稱他蔣公，那美國總統雷根死後呢？」

文字形成句子，可有多種表達的技巧，有人按部就班，規規矩矩寫作，有人偏愛文字遊戲，寫下「我堅強復國」這種不吻合真實生活的勵志病句，猛然倒著唸，原來又是一句不入流的句子，這跟有些學生喜歡玩「白痴造句法」一樣，題目明明是「號角」，他卻造出如下的句子：「海角七號角逐今年奧斯卡最佳外語片。」句子雖然完整，卻把「號角」二字分開來解讀，內容根本和題目「號角」無關，算不上是正確的造句。再如：

所以：社區蓋了一座公共廁所以後，大家就方便多了。

團結：我早上吃了一個飯團結果拉肚子。

開學：早上校門一開學生便陸續進來。

如果：罐頭不如果菜汁營養。

從容：我做事情，都是先從容易的做起。

天真：今天真熱，是游泳的好時機。

論語：這篇文章的結論語焉不詳。

高手：年輕人做事不要眼高手低，才能成大事立大業。

活動：台北的生活動不動就要花錢。

遊行：日本少女真理子，來台旅遊行蹤不明。

體制：周爸爸赤身裸體制伏搶匪，好厲害！

光榮：就算你用光榮譽假，也會嫌不夠。

善良：我們學校的設備完善良好，你一定會喜歡的。

老實：爺爺的年紀很老實在是社區的高齡壽星。

開會：你玩笑亂開會出事情哦！

號角：亞運的跳水項目，只剩6號和9號角逐冠軍。

來電：孫多美一進來電就停了。

天母：那天母親帶我去麥當勞吃漢堡。

小便：陶復華從小便學會做家事。

機會：萬萬想不到他坐的那班飛機會掉到海裡。

句子的形成，是從造句開始練習起，短句子能夠主謂詞分明，名詞和動詞的位置弄清楚，就不致於使句子發生「病變」，句子順暢，段落分明，作文就能順暢完成。

我在巷子口遇見美麗

——認識中文的句型類別

我在巷子口遇見美麗——認識中文的句型類別

中文句子的類型，除了按照結構劃分，可分為「單句」和「複句」兩類之外；如若依照作用來劃分，則又可分為「敘事句」、「表態句」、「判斷句」、「有無句」、「疑問句」、「祈使句」和「感嘆句」等。

敘事句

凡是用和緩的語調，敘說一件事情的句子都叫敘事句，又稱敘述句，句型為「主語＋述語＋賓語」；其中主語係表達行為或是事件的主事者，述語為主語所操控的動作，賓語則為動作所及的對象。

如：「我在巷子口遇見美麗」。「我」為主語，「遇見」為述語，「美麗」為賓語，「在巷子口」為補語，用來補充與敘述有關的人、物、時、地。這種句型有時會產生主語可以省略的狀態，如：「嘗到人間冷暖。」、「嘗到」為述語，「人間冷暖」是賓語，主語「我」或「他」或「他們」可以省略，一樣能形成語意不變的句子，讀這樣的句子，自然能領會出現的主語說的是誰。

其他如：「餐桌上有一盤炒飯。」、「他是校長。」、「你去告訴他吧！」、「我寫錯了。」、「這種說法絕對不正確。」都是。

表態句

描寫人、事、物的性質或狀態的句子叫表態句，句型為「主語＋表語」；其中主語係表達被描寫的人、事、物。表語為形容詞或形容詞的單位。

如：「這隻貴賓狗很可愛。」、「這隻貴賓狗」為主語，「很可愛」為表語，「可愛」是形容詞，而「很」為副詞，「副詞」是用來形容「形容詞」和「動詞」。

判斷句

解釋事物的含義或判斷事物同異的句子稱為判斷句，主語與斷語完全相等；句型為「主語＋繫

詞（是或不是）＋斷語」；其中繫詞為連繫主語或斷語〈用以解釋人、事、物的含義、屬性或現象的動詞〉。斷語為名詞或名詞性單位、代名詞。而繫詞的出現，在白話文中有：是、叫做、不是；在文言文中有：乃、為〈製造、治理〉、即、非。表示肯定時，繫詞並不一定要出現，有時僅以逗號做區隔，或者由句中的語助詞「者」、句末語助詞「也」來加以判定。

如：「他是我的哥哥。」、「他」為主語，「是」為繫詞（文言文中，繫詞有時可省略），「我的哥哥」為斷語。

判斷句中尚有準判斷句，準判斷句的主語與斷語相似或相當，句型為「主語＋謂語」或「準繫詞＋斷語」，其中準繫詞有：好像、好比、像、成為、叫做。如：「我稱他為老師。」

有無句

表明事物有無或存在與否的句子稱為有無句；句形為「主語＋述語（有或無）＋賓語」；它的句型和敘事句相同，只是當中的述語一定是「有」或是「無」。「無」在口語裡是「沒有」或「沒」的表示。

如：「天下無難事。」、「天下」為主語，「無」為述語，「難事」為賓語。再如：「她有一雙迷人的眼睛。」，「她」是主語，「有」是述語，「迷人的眼睛」為賓語。

疑問句

用疑問語調提出問題的句子；包括特指問、是非問、選擇問、正反問幾種形式。如：「這裡面誰是最會唱歌的人呢？」、「這是你的書包嗎？」、「他是幾年級了？」、「你走還是我走？」、「你喜歡不喜歡聽歌？」、「你見過我的小黃沒有？」、「班長願意去還是不願意去？」

祈使句

用祈使語調表示要求別人做或不做甚麼的句子；包括表示要求和表示禁止等兩類。句末可用「吧、呀」等語氣詞。如：「你快站起來。」、「趕快去吧！」、「請把沙發上的毛巾遞給我。」、「你們不要再鬧了。」、「這家餐廳禁止室內吸菸！」、「不要用這種高帽稱呼我吧！」

感嘆句

用感嘆語調表示某種強烈感情的句子；句末常用「啊、啦」等語氣詞。如：「哈，這種蠢模樣啊！」、「太好了！」、「這條路真長呀！」、「春天的陽明山公園真美麗呀！」

一般學者對於句子的分類，大致為：「陳述句」、「否定句」、「疑問句」、「祈使句」、「感嘆句」等，係針對句子所表現出來的語氣為依據而分類的。若以「疑問句」來說，每一類型的句子都可能被轉換為「疑問句」的形式出現，用來表示疑問的語氣。如：敘事句的「姊姊買了一件衣服。」換成疑問句可為「姊姊買了一件甚麼樣的衣服呢？」如：有無句的「兇手有慚色。」換成疑問句可為「兇手有慚色嗎？」如：表態句的「張伯伯的生活十分平靜安寧。」換成疑問句可為「張伯伯的生活平靜安寧嗎？」如：判斷句的「陶淵明是個勤學的農家子弟。」換成疑問句可為「陶淵明是個勤學的農家子弟嗎？」

作文老師的叮嚀

漢語文法的變化層出不窮，撩人興味，作文時多留意想表達的觀念、想法和意思，再運用句型的多層變化，即可寫出優美的句子出來。

請試著判斷以下的短文是使用哪一種句型？

（1）幸福國中的校園裡面有一座色彩繽紛的噴水池。

（2）噴水池裡面養了許多隻五顏六色的七彩金魚和小烏龜。

（3）每到夏日午后的午寐時間，總會清晰聽見擾人清夢的淙淙水聲，今天下午，那種熟悉的聲音突然消失了。

（4）原來是景觀工人和替代役警衛正在清理和整建這座噴水池。

HB

東望望春春可憐

——重出形成的句子

東望望春春可憐——重出形成的句子

所謂重出句法，是指一個句子或一首詩中，會有一字或數字重複出現的情形。劉勰在《文心雕龍》鍊字篇裡提到：「重出者，同字相犯者也。詩騷適會，而近世忌同，若兩者俱要，則寧在相犯。故善為文者，富於萬篇，貧於一字。」古時文人寫作，行文遣詞之中，都避免使用重出的句法，然而卻有人仍以重出為創作能事。如蘇頲的〈奉和春日幸望春宮〉一詩，開頭便如此寫道：「東望望春春可憐。」清朝評論家金聖嘆則批評這首詩，說：「七字中凡下二『望』字，二『春』字，想來唐人每欲以此為能也。」

作文時極可能寫下重出的字句，可是重出和疊字的表達意義大不相同，學生們最熟悉的疊字大抵為狀詞，或狀其形、狀其聲、狀其動作等。可是，重出就不受這種狀形或狀聲的限制，如〈奉和春日幸望春宮〉詩中第三和第四個字的「望春」為宮名，並非是「望望」與「春春」的意思。作者在這首詩中巧妙運用的寫作手法，是在一句話中，或一幅對聯當中的各句，都重出一字，像蘇頲這種寫作方式，古文中出現不少，如：

◎有一句之中重出二字者（以下黑體字爲重出字）

日暮長堤更回首，**一聲蟬**續**一聲蟬**。（許渾　重遊練湖懷舊）

行盡深**山**又是**山**。（許渾　度關嶺次天姥岑詩）

春心莫共花爭發，**一寸**相思**一寸**灰。（李商隱　無題二首之二末聯）

相見時**難**別亦**難**。（李商隱　無題詩）

◎有二句之中重出某些字者

夫戍邊關妾在吳，西風吹妾妾憂夫；一**行**書信千**行**淚，寒**到**君邊衣**到**無。（唐　陳玉蘭　寄夫）

此生**此**夜不長好，**明**月**明**年何處看。（蘇東坡　中秋月）

自去**自**來堂上燕，**相**親**相**近水中鷗。（杜甫　江村）

但經春**色**還秋**色**，不覺楊**家**是李**家**。（李山甫　楊柳詩）

春風**春**雨花經眼，**江**北**江**南水拍天。（黃山谷　次元明韻寄子由）

桃**花**細逐楊**花**落，黃**鳥**時兼白**鳥**飛。（杜甫　曲江對酒）

荷葉生時春**恨**生，**荷葉**枯時秋**恨**成；深知身在情長在，悵望江頭江水聲。（李商隱　秋暮重遊

曲江）

◎有四句之中重出某些字者

一簑**一**笠**一**扁舟，**一**丈絲綸**一**寸鉤；**一**曲高歌**一**樽酒，**一**人獨釣**一**江秋。（王漁洋　題秋江獨釣圖）

一折青山**一**扇屏，**一**彎碧水**一**條琴；無**聲**詩與有**聲**畫，須在桐廬江上尋。（清　劉嗣綰　自錢塘至桐廬舟中雜詩）

未櫛凭欄眺錦城，烟籠萬井二江明；香風**滿**閣花**滿**樹，樹樹樹梢啼曉鶯。（劉駕　曉登迎春閣晚）

終日看**山**不厭**山**，買**山**終待老**山**間；**山**花落盡**山**長在，**山**水空流**山**自閒。（王安石　遊鍾山）

留人不留人？不**留人**也去。此處不**留人**，自有**留人**處。（陳叔寶　戲贈沈后）

東望望**長安**，正值日初出。**長安**不可見，喜見**長安**日。（岑參　憶長安曲）

風雨送人來，**風雨**留人往。草草杯盤話別離，**風雨**催人去。淚眼不曾晴，眉黛愁還聚。明日相思莫上樓。樓上多**風雨**。（游次公　卜算子）

寥落古行**宮**，**宮**花寂寞紅。白頭**宮**女在，閒坐說玄宗。（元稹　行宮）

嶺下看山似伏濤，見人上**嶺**旋爭豪；一登一陟一回顧，我腳**高**時他更**高**。（宋　楊萬里　過上湖嶺望招賢江南北山）

作文老師的叮嚀

某一天，一位民俗學者到原住民部落做田野調查，就在民宿附設的餐廳用餐席間，學者因為手錶忘了帶出門，又急著趕赴下一段行程，便隨口詢問民宿的老闆娘時間；操著泰雅口音的老太太，用十分生澀的漢語急促回答學者，說著：「一點點一點。」學者一時間聽不出泰雅老媽媽的話，到底說些甚麼？繼續問道：「我是問現在幾點鐘？」老太太還是那句話：「一點點一點。」學者摸不著頭緒的愣在那兒，半晌裡說不出話來。

這時，泰雅老太太的女兒在櫃檯旁出聲說道：「差一點點一點，雅雅的意思是說，再過一點點時間就是一點鐘了。」

學者這下子終於恍然大悟，原來泰雅老太太說話的模式充滿著文字玄機，這「一點點一點」的用語中，「一點點」是形容詞，「一點」是名詞，她把「差」字省略掉了。

一句話裡竟然出現三個「點」字，重出的意味相當濃厚，真是現代人少見的表達方式，學者按捺不住好奇心，又問老太太：「如果是十二點，妳是怎麼說的？」

「結婚啦！」泰雅老太太回答。

「結婚？」學者又傻眼了。

「時針和分針疊在一起，不就結婚了嗎？」老太太的女兒幫忙答腔。

原住民的語言世界的確充滿趣味，學者起身離去前，對著泰雅老太太用原住民的口吻說道：「聽過妳的說話，我有感動一點點。」

妳喜歡看洋劇嗎？

——同音異字形成的句子

妳喜歡看洋劇嗎？——同音異字形成的句子

在一句話中，把一個字或幾個字形和字義不同，但讀音相同或相近的字，分別安排在句子中或對聯裡，這即是「同音異字」的句法寫作，這種寫作方式被大量的用在對聯和春聯上。

同音異字的字形和字義雖然大不相同，但因為讀音相同或相似，除了得押韻好聽之便，還會產生對句的優勢，讀來雅趣不少，反之，如運用不當則容易造成用錯詞的現象。

何止古人喜好寫作這種同音異字的句子，現代人一樣喜歡做如是的創作，台灣廣告界運用這種異字同音的模式，創作出許多膾炙人口的廣告語言：如：朝九晚五的上班族，賺的是不「義」之財，對統一發票中大獎，得的是不「易」之財。

有些詞語在同音異字的變化發展下，充滿足堪玩味的典故，如：「台灣」一詞是源自平埔族西拉雅人的發音。李筱峰教授即曾為文說道：

台灣的舊稱之中，有「大員」、「大圓」、「台員」、「大灣」、「台窩灣」等名稱，這些名

稱的閩南語讀音，都與「台灣」同音或近似，係同一來源——是過去平埔族（西拉雅族）對今天台南安平一帶的稱謂（另有一說，其發音原意是「外來者」、「異形」之意，平埔族人對於在當地登陸的外地人以此稱呼）。前述那些同音異字的名詞，都是同一個平埔族發音的漢字音譯，「台灣」也是其一。荷蘭人來到遠東後，也同樣以平埔族這個名詞音譯出Tayovan、Tayan、Tayoun、Tyovan、Tavan、Taiwan等不同的拼法。十六、十七世紀，外地來台船隻，有許多是在今天安平一帶登陸，久而久之就以登陸地點來泛稱台灣全島。

所以，台灣的名稱原來是源自我們「南島民族」的「平埔族」之中的「西拉雅族」的發音。

必須注意的是，所謂「同音異字」係指讀音相同，但卻是另一組文字，音義沒弄清楚，即容易寫出別字，例如：中國古代四大美人中，哪一個美女曾經蹲過牢獄的？有人答：楊貴妃。理由是：「貴妃出浴（獄）」。這種同音異字的認知方式，豈能不成笑柄呢？

古語中使用同音異字寫成的詞句

底下每首古代詩句中，異字同音所產生的意義和特殊性，使得整個句子讀下來充滿趣味：（黑

體字為異字同音）

天心**閣**，**閣**落**鴿**，**鴿**飛**閣**未飛。水陸**洲**，**洲**停**舟**，**舟**行**洲**不行。

李打**鯉**，**鯉**沉底，**李**沉**鯉**浮。**風**吹**蜂**，**蜂**撲地，**風**息**蜂**飛。

和尚上樓，樓高梯短，**和尚何上**。**尼姑沽**酒，酒美價廉，**尼姑**宜**沽**。

和尚過河，手扯**荷**花**何**處插。**侍**郎遊**市**，眼前**柿**樹是誰栽。

洛陽**橋**，**橋**下**蕎**，風吹**蕎**動**橋**不動。鸚鵡**洲**，**洲**上**舟**，水推**舟**流**洲**不流。

指揮燒紙，**紙灰**飛**指揮**頭上。姑娘栽**穀**，**穀**秧掉姑娘腳前。

童子打**桐子**，**桐子**落，**童子**樂。**痲姑**吃**蘑菇**，**蘑菇**蘇，**痲姑仙**。

閒人免進，**賢人**進。**盜者**莫來，**道者**來。

無山得似**巫山**好，**何水**能如**河水**清。

鉅野皆田，**即墨**有秋皆**即麥**。密雲不雨，**通州**無水不**通舟**。

貓伏牆角，風吹**毛**動，貓未動。**鷹**立樹梢，月照斜**影**，鷹不斜。

賈島醉來非**假倒**。**劉伶**飲盡不**留零**。

揚子江頭渡**楊子**，**焦山**洞裡住**椒山**。

嫂掃亂柴呼叔束，**姨移**破桶令姑箍。

移椅倚桐同觀月，**等燈登**閣各攻書。

飢雞盜稻童筒打，**暑鼠涼粱**客咳驚。

驢繫**梨**樹下，**驢**挨**梨**，落**梨**打**驢**。**雞**站**箕**沿上，**雞**壓**箕**，翻**箕**撲**雞**。

現代語中同音異字的詞語

古人利用同音異字創作出有趣味的詩詞，其中境界深奧，撩人同感；但現代人作文或學習語文時，卻常被同音異字和同音異義詞攪亂，導致寫出來的文章，不僅錯別字連篇，有時，一字之差，差之千里，意思全反了。

所謂同音異字，即指語音完全相同或近似，詞義卻毫無關聯的一組詞。這種詞語的存在常會引來詞義的混淆，何不利用這種特點建構有修辭功能的諧音雙關語句，說不定能產生另一種效果。

漢字同音異字、同音異義和同形異義的特點，在語素的層面來說，十分普遍，只要字「義」不同，即使同形同音，也會被當做不同的語素看待。

現代漢語中，同音和近音的異字或異義的詞不在少數，如：

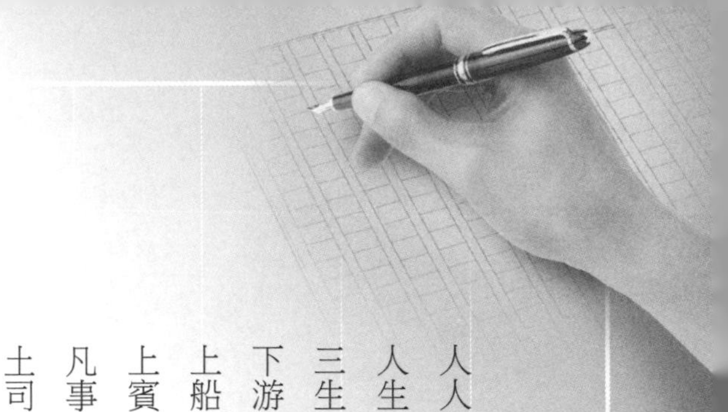

人人、仁人、能人
人生、人參、人身、人聲、能伸
三生、三牲、三聲
下游、下流
上船、上床、上傳
上賓、上兵
凡事、凡是、煩事
土司、吐絲
士林、樹林
大吃一驚、大吃一斤
大阪、大板
大事、大勢
大雨、大於、大禹
大意、大義、大異
大變、大便
小心、小新
小巷、小象、小項

小魚、小於
小喬、小橋
小數、小樹
太監、太賤
月色、夜色
心驚、心經
心意、新意
心聲、新生
文生、紋身、聞聲
文明、聞名
木材、木柴、募才
水井、水警、水景
世事、事事、逝世、視事、失事
以上、乙上
出版、初版
出價、出嫁
包子、孢子

史記、死記、實際
句型、巨型
台塑、台視
失手、失守
失主、施主、師祖
失婚、失分、適婚
失學、失血、詩學
失聲、失身、師生
市長、市場、師長
玉手、御所、御守
生父、身負
生計、生氣
生效、生肖
由於、魷魚
白吃、白痴
白雲、白銀
交友、郊遊

交代、膠帶
交會、教會
吉他、其他
同年、童年
年年有餘、年年有魚
肌肉、雞肉
自然、自燃
自衛、自慰
舌頭、蛇頭
血液、寫意
行李、行禮
佔據、佔去
別館、別管
坐車、作車
完人、玩人
池塘、祠堂
形式、刑事、行事

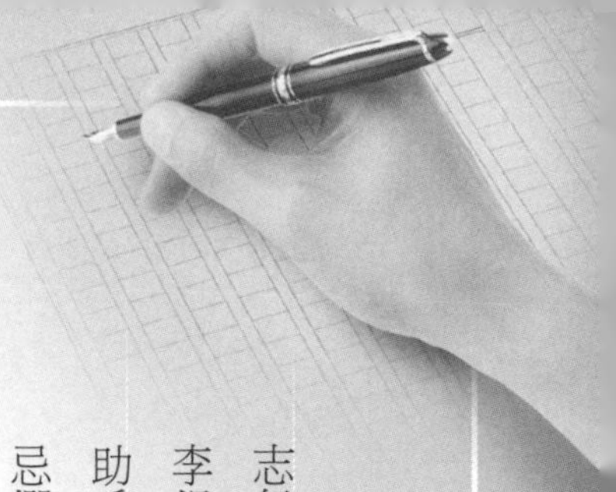

志氣、稚氣
李姐、理解、禮節
助手、住手、駐守、住所
忌憚、雞蛋
沉默、沉沒
赤道、刺到
侍郎、是狼、四郎
受驚、受精
和室、合適、何事
東京、東經
枇杷、琵琶
河水、喝水
花枝、花痴
近世、近視、盡是、進士
金子、精子、金紙
金魚、鯨魚
雨林、雨淋、魚鱗

治癌、致癌
南崁、南港
奏樂、作業
星星、猩猩
洋劇、陽具
保證、保正
花卉、花費、發揮
砍手、砍首
流血、留學
流連、榴槤
美人、媒人、沒人、每人
美腿、沒腿
美語、梅雨、沒雨
美髮、沒法、沒髮
胃炎、魏延
胡適、服侍、服飾
查訪、茶坊

食言、食鹽、十元
食量、十輛
首長、手掌
香蕉、相交
原始、院士、原是、遠視
姨丈、胰臟
家人、佳人、嫁人
家世、家事
旁觀、膀胱
書籍、書局、書記
校樹、酵素
核能、何能
海報、海豹
胸罩、凶兆
衷心、中心、忠心
記者、記著
記性、寄信

財源、裁員
迷路、麋鹿
閃光、散光
隻身、資深
馬路、馬陸
基金、雞精
宿舍、素色
宿願、宿怨
密件、蜜餞、覓見
晨昏、成婚
混沌、餛飩
理法、理髮
盒子、核子
射擊、涉及、設籍
眼鏡、遠近
袋子、帶子
通姦、通鑑

陶器、淘氣
堤岸、提案
最久、醉酒
報數、抱樹
插嘴、擦嘴
提防、堤防
植物、職務
鳥鳴、鳥名
無齒、無恥、五尺
痘子、豆子
發生、發聲、花生
發財、花材
硬頸、應景
童音、同音
結束、劫數、截樹
勢力、視力
飯粒、範例

意志、益智
隕石、飲食
意義、異議、異義、異域
慈悲、瓷杯
慈湖、瓷壺
獅子、蝨子
舅舅、舊舊
詮釋、權勢、全是、全市
農民、榮民
電子、墊子
零食、零時
預言、欲言、一元
實事、時事
瑪瑙、馬腦
盡心、靜心
認真、認證
誤會、晤會、舞會

輔仁、唬人
颱風、台風
輕生、輕身、輕聲
儀容、遺容、易容
廢話、會話
膠水、澆水
廟宇、妙語
憂鬱、優裕
數目、樹木
模範、魔幻
瞎子、蝦子
篇幅、蝙蝠
養氣、氧氣
餘味、魚味
學生、寫生
學歷、學力
導遊、豆油（台語）

興趣、性器
殭屍、薑絲
簡樸、簡譜
鯊魚、殺魚
藝人、薏仁
藥丸、要玩
藥效、要笑
證件、證券、政見
關西、關係
霧裡、物理、勿理、悟理
鏡頭、盡頭
譯文、藝文、逸文
鐘聲、終身、終生
髒話、彰化
聾子、籠子
驟雨、咒語
鑰匙、要死、要事

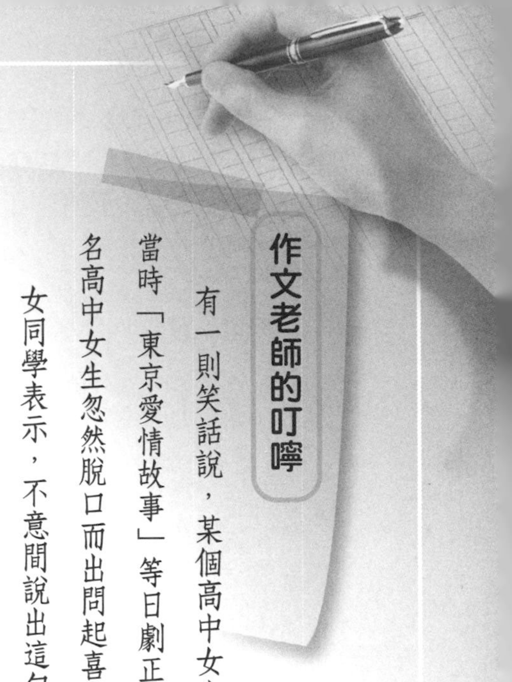

作文老師的叮嚀

有一則笑話說，某個高中女生跟同學一起搭公車上學，途中經過一家錄影帶出租店，當時「東京愛情故事」等日劇正流行，兩個人便就地談論起看日劇的點滴心得，說著，這名高中女生忽然脫口而出問起喜歡看西洋片的同學：「妳有喜歡看的『洋劇』嗎？」女同學表示，不意間說出這句話時，她當場羞愧得差些跳車逃跑。

這即是同音不同字不同義所造成的窘困。

因此，國文考試或寫作文時，遇到沒有把握寫正確的字或詞句，千萬不要隨便亂寫，以免失分事大；尤其網路流行許多同音異字的詞語，應試時，不要一時大意錯用，如：3Q、不錯吃、不錯看……等，都不是正統的用詞造句方式。

底下造句中所使用的詞語，即犯了同音異字的錯誤：

你不要從背後拍我的肩膀，我是很容易「受精」的。（受驚）

陳漢典大言不慚的說自己是個品學兼「憂」的好學生。（優）

早上起床整理「遺容」後，我們到學校集合，準備搭車前往六福村畢業旅行。（儀容）

星期天準備外出逛街時，匆忙之間不小心被「肛門」夾到，痛死了。（鋼門）

昨晚我和同學到麥當勞用餐，我們點了兩個漢堡、「雞份一塊」。（雞塊一份）

英文老師長髮披肩，個子矮小，脾氣又不好，有一點點「胸」。（兇）

這幾天左眼皮跳個不停，當時就覺得那是「胸罩」，果然沒錯，下午皮夾就被扒走了。（凶兆）

逛完花市後，我花錢買下「賤男」，打算帶回家過年「差花」。（劍蘭、插花）

報紙新聞說，被重金屬污染過的牡蠣，會「治癌」。（致癌）

過年時，我們全家大小一起到歷史博物館參觀「冰馬桶」。（兵馬俑）

* HB *

潺潺碧水碧潺潺

——回文倒順形成的句子

潺潺碧水碧潺潺——回文倒順形成的句子

所謂「回文倒順」的修辭法，是指同樣字詞的句子，其上聯可以倒讀成下聯，或者是上、下聯同時倒讀成一副新的對聯，且文句通順，意思完整，又稱「倒順聯」。例如：上海自來水來自海上。上聯中「上海」為地名，名詞，「自來水」物名，名詞，「來」為動詞，「自」為趨向動詞，「海」為名詞，「上」為方位詞。它的特色是，從上順讀下去或從下逆讀上來，「上海自來水來自海上」一樣是「上海自來水來自海上」。

回文詩一詞，首見於劉勰的《文心雕龍》明詩篇：「回文所興，道原為始。」回文倒順的句子，被要求必須與上聯詞性相同；即是說，在文句中，上下兩句詞語的排列恰好相反，用回環往復的語言形式構成的一種修辭技巧。

回文是漢語裡有趣的一種文字藝術，它產生的意義有：一、漢字同音字多，回文利用這一特點表現漢字的巧妙與特色；二、漢字為表意文字，一字一音一義；三、漢語語序在組詞成語中有重要作用，同時語序又比較靈活，它以詞義的組合做為自己的基礎。

客上天然居，居然天上客
人過大佛寺，寺佛大過人

這是典型的回文聯，上下聯分別運用回文手法，僅顛倒語序，自然成文，妙趣天成。回文倒順寫作法可分兩種：

嚴式回文

刻意追求詞語的排列順序恰好相反，字數相等，同一個語句可順讀又可逆讀的修辭技巧。如：

有村舍處有佳蔭，有佳蔭處有村舍。
開車不喝酒，喝酒不開車。

寬式回文

語句多半相同，變換詞語的次序，用回環的方式構成的修辭技巧。如：

江畔何人初見月，江月何年初照人。

是故弟子不必不如師，師不必賢於弟子。

來者不善，善者不來。

王安石與蘇軾和吳絳雪的回文詩

王安石著名的〈碧蕪〉即為五言回文詩：

碧蕪平野曠，黃菊晚村深，客倦留甘飲，身閒累苦吟。

逆讀即成：

吟苦累閒身，飲甘留倦客，深村晚菊黃，曠野平蕪碧。

再看蘇軾一首描寫一名女子編織著準備寄給駐守邊陲的情人的回文織綿，不論順讀、逆讀，其心中惆悵幽黯的綿綿情意，表露無遺：

春機滿織回文綿，粉淚揮殘露井桐，人遠寄情書字小，柳絲紙日晚庭空。

逆讀即成：

空庭晚日紙絲柳，小字書情寄遠人，桐井露殘揮淚粉，錦文回織滿機春。

清朝吳絳雪的〈四季詠〉，回文寫作技法更是一絕：

鶯啼綠柳弄春晴，柳弄春晴曉月明，明月曉晴春弄柳，晴春弄柳綠啼鶯。
香蓮碧水動風涼，水動風涼夏日長，長日夏涼風動水，涼風動水碧蓮香。
秋江楚雁宿沙洲，雁宿沙洲淺水流，流水淺洲沙宿雁，洲沙宿雁楚江秋。
紅爐黑炭炙寒冬，炭炙寒冬遇雪風，風雪遇冬寒炙炭，冬寒炙炭黑爐紅。

如果將頂真法與回文法結合起來，不但能造成回環延伸的樂趣，還富有朗朗上口的民謠氣息。如〈白雪遺音．桃花冷落〉一詩：

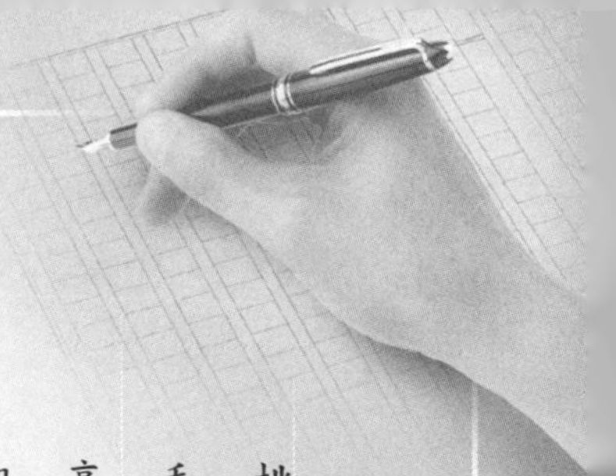

桃花冷落被風飄，飄落殘花過小橋，橋下金魚雙戰水，水邊小鳥理新毛，
毛衣未濕黃梅雨，雨滴紅梨分外嬌，嬌枝常伴垂楊柳，柳外雙飛紫燕高，
高閣佳人吹玉笛，笛邊鸞線掛絲結，結絲玲瓏香佛手，手中有羽望河潮，
潮平兩岸風帆穩，穩坐舟中且慢搖，搖入西河天將晚，晚窗寂寞嘆無聊，
聊推紗窗觀冷落，落雲渺渺被水敲，敲門借問天台路，路過西河有斷橋，
橋邊種碧桃。

古代詩詞對聯的回文倒順句

人中柳如是，是如柳中人。

人過大佛寺，寺佛大過人。

水水山山處處明明秀秀，秀秀明明處處山山水水。

地福多出賢，賢出多福地。

客上天然居，居然天上客。

郎中王若儸，儸若王中郎。

春回先富村，村富先回春。

僧遊雲隱寺，寺隱雲遊僧。

油燈少燈油。火柴當柴火。

自在自觀觀自在。如來如見見如來。

暮天遙對寒窗霧，霧窗寒對遙天暮。

艷艷紅花隨落雨，雨落隨花紅艷艷。

風送花香紅滿地，地滿紅香花送風。

雨滋春樹碧連天，天連碧樹春滋雨。

面上荷花和尚面。書臨漢帖瀚林書。

風送花香紅滿地。雨滋春樹碧連天。

畫上荷花和尚畫。書臨漢帖翰林書。

秀山輕雨青山秀。香柏鼓風鼓柏香。

靜泉山上山泉靜。清水塘裡塘水清。

鳳落梧桐梧落鳳。珠聯璧合璧聯珠。

雪嶺吹風吹嶺雪。龍潭活水活潭龍。

霧鎖山頭山鎖霧。天連水尾水連天。

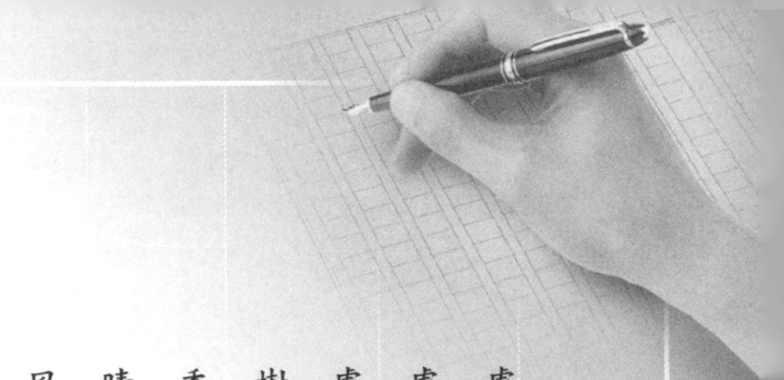

處處飛花飛處處。聲聲笑語笑聲聲。

處處紅花紅處處。重重綠樹綠重重。

處處飛花飛處處。潺潺碧水碧潺潺。

樹中雲接雲中樹。山外樓遮樓外山。

香山碧雲寺雲碧山香。黃山落葉松葉落山黃。

晴晴雨雨時時好好奇奇，奇奇好好時時雨雨晴晴。

風竹綠竹風，翻綠竹竹翻風。雪裡白梅雪，映白梅梅映雪。

一封書，二進宮，三擊掌，四進士，五福堂，堂堂都擺千秋劍。

六追車，七剪梅，八件衣，九蓮燈，十王廟，廟廟皆立春秋碑。

現代對聯的回文倒順句

人人騙我錢我騙人人

下山來回走回來山下

下山牧馬人馬牧山下

下山遊覽客覽遊山下

下流口香糖香口流下

下酒菜好吃好菜酒下

下陸鐵金礦采於陸下

下鍋沸騰油騰沸鍋下

下關交通道通交關下

下關奔馳車馳奔關下

上街往來人來往街上

口大吃好料好吃大口

大牛比較懶較比牛大
小米大碗飯碗大米小
山上飄雲層雲飄上山
山西長生樹生長西山
山西俠行客行俠西山
山西紅日落日紅西山
山西飛機場機飛西山
山西產煤處煤產西山
山西會仙橋仙會西山
山西落日紅日落西山
山西運煤車煤運西山
山西懸空寺空懸西山
山東大地數地大東山
山東旭日白日旭東山
山東留情人情留東山
山東猛虎山虎猛東山

山東落花生花落東山
山東儲備糧備儲東山
中山自行車行自山中
中山長生果生長山中
中山長生樹生長山中
中山客運站運客山中
中山停雲堂雲停山中
中山植樹節樹植山中
中山黃花菜花黃山中
中國人在不在國人中
中國山中有中山國中
中國文學家學文國中
中國出人才人出國中
中國生物學物生國中
中國香雞城雞香國中
中國醫學士學醫國中

中華休旅車旅休華中
中臺醫專人專醫臺中
中樂彩頭獎頭彩樂中
內湖下雨天雨下湖內
內湖吹風機風吹湖內
內湖養魚池魚養湖內
內蒙連綿山綿連蒙內
天上龍捲風捲龍上天
天上飄風雨風飄上天
天津向日葵日向津天
文英文法通法文英文
北京供電站電供京北
北京臥佛寺佛臥京北
北京演出團出演京北
北京輸油管油輸京北
民國大定安定大國民

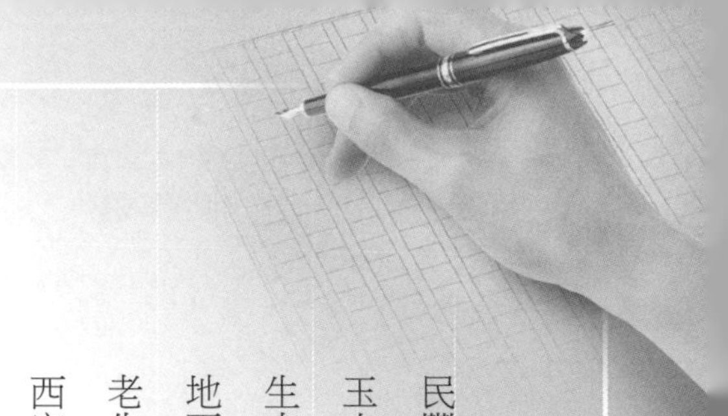

民豐國富日富國豐民
玉山石化木化石山玉
生來無可求可無來生
地下珠寶引寶珠下地
老先生先生先生先老
西安督察史察督安西
西渠出嫁女嫁出渠西
西湖泊船隻船泊湖西
西湖垂柳絲柳垂湖西
西湖遊樂船樂遊湖西
西湖綠柳堤柳綠湖西
西湖靈隱寺隱靈湖西
床下客人叫人客下床
床上客人叫人客上床
更鼓三通擂通三鼓更
狂風暴雨夜雨暴風狂

明月空夜照夜空月明
東山地震強震地山東
武威少年郎年少威武
法國有國法國有國法
穹蒼之沙吹沙之蒼穹
花朵三開重開三朵花
花蓮印刷廠刷印蓮花
花蓮淨土適土淨蓮花
花蓮浣紗女紗浣蓮花
花蓮證嚴師嚴證蓮花
長江明月升月明江長
長城計算機算計城長
長春還少丹少還春長
長壽不倒翁倒不壽長
青島多樹木樹多島青
青島綠草坡草綠島青

青島綠楊柳楊綠島青
前門出租車租出門前
南山長生松生長山南
南山燃眉火眉燃山南
南京跑馬場馬跑京南
南海護衛艦衛護海南
南湖雁回峰回雁湖南
南臺工專人專工臺南
春色百出分出百色春
洛河飄香茶香飄河洛
科興技旺時旺技興科
美好包皮製皮包好美
英美計算機算計美英
風吹岸邊人邊岸吹風
香山碧雲寺雲碧山香
倫敦公關與關公敦倫

倫敦床上人上床敦倫
家國兩分又分兩國家
泰國弘佛法佛弘國泰
海上浪流人流浪上海
海南行船人船行南海
海南菩薩鑾來自南海
海南護衛艦衛護南海
真王畫女是女畫王真
神鬼戰士立士戰鬼神
酒好享同好同享好酒
酒杯壹盡更盡壹杯酒
馬下花香聞香花下馬
國慶紅燈亮燈紅慶國
強國論壇有壇論國強

情人欠錢借錢欠人情
梁山跑馬場馬跑山梁
梨山竊盜犯盜竊山梨
深圳回跌股跌回圳深
船上女子叫子女上船
野山落葉松葉落山野
雪梨飄喜報喜飄梨雪
壹貳參肆伍肆參貳壹
景美的內衣內的美景
智利選美會美選利智
湖南有美女美有南湖
雲林自來天來自林雲
黃土高坡上坡高土黃
黃河濁浪波浪濁河黃

新竹春早時早春竹新
落花流水去水流花落
寧波無風港風無波寧
網上聯對聯對聯上網
臺中成功嶺功成中臺
臺東烏頭翁頭烏東臺
蜜蜂採蜂蜜蜂採蜂蜜
德國希特勒特希國德
緣定三生來生三定緣
蓮花開花時花開花蓮
燃竈液化氣化液竈燃
頭城打炮王炮打城頭
糧食生產線產生食糧
藍天白雲飄雲白天藍

作文老師的叮嚀

回文倒順就是上下兩句的用詞相同，而辭序恰好相反的寫作形式。「回文」是漢語文字特有的一種「語文形式」，建立在「一字一音」的語文條件上，黃麗貞在他的著作《實用修辭學》中說：「回文可以正序順讀，也可以反序逆讀，是其結構的基本要求，所以要撰寫回文作品時，便不得不考慮到字數和文體形式的問題，同此，用來寫作詩、詞、對聯等短篇作品，比較容易成篇。」

清代朱杏孫有一首〈虞美人〉的詞，詞本身是回文，也可逆讀，詞云：

孤樓倚夢寒燈隔，細雨梧窗逼，冷風珠露撲釵蟲，絡索玉環，圓鬢鳳玲瓏，膚凝薄粉殘妝悄，影對疏欄小，院空蕪綠引香濃，冉冉近黃昏，月映簾紅。

倒讀也是〈虞美人〉，但韻腳卻變了：

紅簾映月昏黃近，冉冉濃香引，綠蕪空院小欄疏，對影悄妝，殘粉薄凝膚，瓏玲鳳鬢圓環玉，索絡蟲釵撲，露珠風冷逼窗梧，雨細隔燈，寒夢倚樓孤。

回文古詩的表現常常令人驚奇不已，現代人寫的回文，韻味就遜色不少，常見的現代回文句，如：

人生如夢，夢如人生。

十字常常寫成千字，千字常常寫成十字。

叫後軍為前軍，叫前軍為後軍。

用人不疑，疑人不用。

由遠叫到近，由近叫到遠。

好事勿背人，背人無好事。

我們流浪，因為年輕；我們年輕，所以流浪。

沒事多喝水，多喝水沒事。

信言不美，美言不信。

喝酒不開車，開車不喝酒。

當差不自在，自在不當差。

犧牲享受，享受犧牲

HB

女子好，少女更妙

——析字（拆字合字）形成的句子

女子好，少女更妙——析字（拆字合字）形成的句子

由於漢字的創造與形成可分為獨體字和合體字，如日字加上月字即形成明字，這種可以把文字組合或拆開的文字遊戲，成為漢字最引人興味的地方，而經由拆字與合字再生新意所衍繹出來的句子，就更饒富趣味了。

拆字和合字的文字戲法，是指把一個獨體字拆成幾個字，或把幾個獨體字合成一個字，構成字面上的對偶句子，這些成對的句子除了重視押韻之外，更講究內涵；因此，在這些含有分析字成份的文字戲法，以及蘊含著某種微妙的文學巧思，對作文來說，也是一種文字運用的寫作技法。

某次，清朝乾隆皇帝為了考驗歸鄉心切的紀曉嵐，便以拆字和合字的文字戲法，出了一個對子給紀曉嵐，乾隆皇的對子如此寫道：口十心思，思妻，思子，思父母。紀曉嵐看出乾隆皇有意放行讓他返鄉省親的意思，便回覆給乾隆皇另一對子：言身寸謝，謝天，謝地，謝君王。

利用文字拆合形成新句的遊戲來表達意見，不僅言簡意賅，更加能夠彰顯當事者對於文字掌握的功力如何了！

古代的拆字合字聯句法

一目不明，開口便成兩片。
二君對口詞鋒問，問名，問利，問來年。
人中王，人邊王，意圖全任。
人言信者儲，儲金，儲本，儲祖芳。
人曾是僧，人弗能成佛。
八刀分米粉，粉絲，粉條，粉夠味。
八目尚賞，賞風，賞月，賞秋香。
十口心思，思國，思家，思社稷。
三女為姦，二女皆從一女起。
士心法古今遠志 ，志高，志堅，志聖賢。
大可奇馬騎，騎士，騎兵，騎千里。
大言者，諸葛一人。
女卑為婢，女又可稱奴。
子居右女居左，世間配定好字。

寸土為寺，寺旁言詩。
山石岩前古木枯，此木為柴。
五人共傘，小人全靠大人遮。
五口吾言語，語山，語水，語天地。
分開出路，兩重山。
切瓜分客，橫七刀，豎八刀。
天下口，天上口，志在吞吾。
少水沙即現。
廿頭割斷，此身應受八刀。
日月明空曌，曌天，曌地，曌宇宙。
日月明朝昏，山風嵐自起。
日在東月在西，天上生成明字。
木門閑可至，兩山出大小尖峰。
止戈才是武，何勞銅鐵鑄鏢鋒。
牛角刀落立支解 ，解答，解題，解迷津。

半夜生孩兒，我管他子時乎，亥時乎。
可人何當來，千里重意若。
古文故人做，做人，做事，做功德。
四維羅，馬各駱，羅上駱下羅騎駱。
永言詠黃鶴，士心志未已。
石皮破仍堅，古木枯不死。
伊有人，尹無人，伊尹一人元宰。
竹寺等僧歸，雙手拜四維羅漢。
吾心立性明頓悟，悟色，悟空，悟菩提。
妙人兒，倪家少女。
言者諸，豕者豬，諸前豬後諸牽豬。
武士心志在止戈。
長巾帳內女子好，少女更妙！
思間心上田。
是土堤方成。
凍雨洒窗，東兩點，西三點。

茲心永誌效堂慈，慈愛，慈悲，慈萬物。
張長弓，騎奇馬，單戈作戰。
祭羊節日慶禎祥，祥雲，祥彩，祥瑞光。
喬女自然嬌，深惡胭脂膠肖臉。
閒看門中木。
馮二馬，馴三馬，馮馴五馬諸侯。
嫁家女，孕乃子，生男曰甥。
踏破磊橋三塊石。
牆上掛珠簾，你說是王家簾，朱家簾。
鐘山寺，峙立金童。
鴻是江邊鳥。
雙木為林，林下示禁。
蠶為天下蟲。

品字三個口，宜當張口且張口，口口口，勸君更盡一杯酒。
晶字三個日，時將有日思無日，日日日，百年三萬六千日。

作文老師的叮嚀

用拆字、合字這種方式巧妙地表達文意，是古代的一種修辭方法，也是文人的文字遊戲。拆字、合字合稱「析字」，是將漢字進行拆分、組合以達到特殊表達目的的一種用字方法。前者是把一個合體的漢字拆成幾個相對獨立，卻又各自富有其意義的部分，後者則是把幾個漢字合成一個漢字的方法。

析字能夠被大量運用在寫作上的原因是：漢字屬於表意體系的文字，一個合體字由若干部件組成，而各個部件又具有其各自獨立的意義。如：

凍雨洒窗，東二點西三點。——喻指「凍」字為二水加東；「洒」字為三水加西。

切瓜分客，上七刀下八刀。——喻指「切」字為七加刀；「瓜」字為八加刀。

上聯拆「凍、洒」二字，下聯拆「切、分」二字，同時巧妙的營造出「凍雨洒窗」、「切瓜分客」兩個語境，使拆字過程和創造對聯過程融為一體，絲毫感覺不到雕琢的痕跡，拆字和合字形成的對聯，不同於其他靜態文學創作的生冷，析字所產生的腦力與才華的互動，是人與動腦、動心之間的互動。

若國文考試出拆字、合字「每人一口」，你猜是甚麼字？

答案是：合。

還有底下兩句，甚為有趣：

騎奇馬，張長弓，琴瑟琵琶八大王，王王在上，單戈成戰。

偽為人，襲龍衣，魑魅魍魎四小鬼，鬼鬼犯邊，合手即拿。

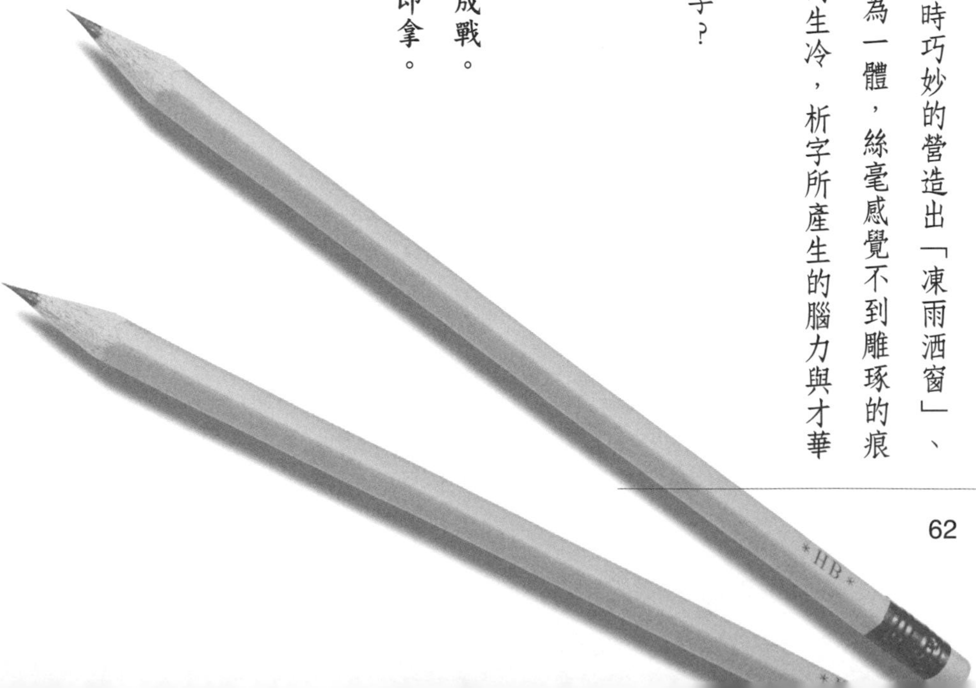

花花草草年年暮暮朝朝

——複字聯形成的句子

花花草草年年暮暮朝朝——複字聯形成的句子

漢文化中的對聯特別講究字斟句酌，用字精練，不能濫用和隨意用字用詞。流傳民間的短聯，雖然寥寥數字，卻能包容深奧的內容和深刻的哲理。要使精練的聯句能包容更多的意義，就必須善用每一個使用的文字，除非技巧和內容需要，否則不輕易重複用字。

由句子轉換為聯型的寫作法，其中分別有一個或數個同樣的字相繼重疊出現者，稱為「疊字聯」，而將一個或幾個字按照特定規律重複出現多次者，則稱為「複字聯」。

重複聯被允許「同位重複」，也就是上聯或出句重複使用某個字時，下聯或對句必須在同樣位置重複使用另外一個字。如：

春回大地春陽暖。

國至新元國運昌。

◎上聯重複「春」，下聯在相同位置重複「國」。

病句：

春回大地春陽暖。

歲至新元國運昌。

◎下聯「歲」、「國」的用字和上聯沒有對應。

另一種重複用字稱爲「疊字」。如：

歲歲春光好。

家家富路通。

曲曲彎彎走路。

堂堂正正做人。

年年難過年年過。

處處無家處處家。

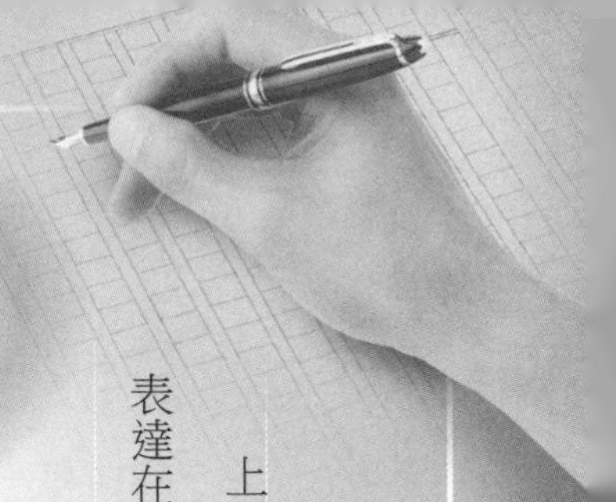

上面這首疊字聯，把舊社會窮苦人家流離失所的痛苦處境，以及對舊社會的不滿情緒，充分地表達在聯語的字裡行間。流行在民間，類似的重複聯句和疊字聯句還真不少。

疊字聯和複字聯的句法寫作

看山山已峻。
望水水乃清。

水水山山，處處明明秀秀。
晴晴雨雨，時時好好奇奇。

綠綠紅紅，處處鶯鶯燕燕。
花花草草，年年暮暮朝朝。

重重疊疊山，曲曲環環路。

高高下下樹，叮叮咚咚泉。

不生事不怕事，自然無事。
能愛人能惡人，方是正人。

讀書好耕田好，學好便好。
創業難守業難，知難不難。

煙水亭吸水煙，煙從水起。
風浪井搏浪風，風自浪興。

翠翠殷殷，處處花花果果。
朝朝暮暮，時時鼓鼓鐘鐘。

山美水美春光美，宏圖更美。
人新事新時代新，傳業愈新。

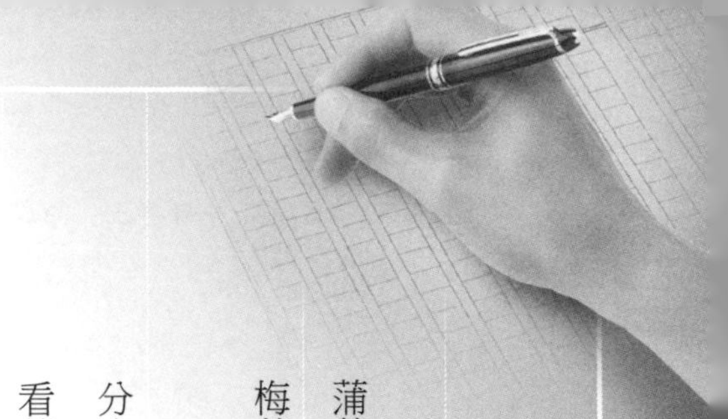

蒲葉桃葉葡萄葉，草本木本。
梅花桂花玫瑰花，春香秋香。

分水橋邊分水吃，分分分開。
看花亭下看花回，看看看到。

雪裡白梅，雪映白梅梅映雪。
風竹綠竹，風翻綠竹竹翻風。

天近山頭，行到山腰天更遠。
月浮水面，撈到水底月還沉。

一盞清茶，解解解解元之渴。
五言絕詩，施施施施主之才。

月月月明，八月月明明分外。
山山山秀，巫山山秀秀非常。

風扇扇風，風出扇，扇動風生。
水車車水，水隨車，車停水止。

進進出出，笑顏開，人人滿意。
挑挑揀揀，花色美，件件稱心。

盈盈笑語，盈盈笑，笑頻頻傳報捷。
重重喜事，重重喜，喜年年獲風收。

鶯鶯燕燕，花花葉葉，卿卿暮暮朝朝。
風風雨雨，暖暖寒寒，處處尋尋覓覓。

鶯鶯燕燕，翠翠紅紅，處處融融洽洽。

雨雨風風，花花草草，年年暮暮朝朝。

源頭活水冒，冒冒冒，冒出一串珍珠。
佛腳清泉飄，飄飄飄，飄下兩條玉帶。

貪貪戀戀，戀戀貪貪，愈戀愈貪，愈貪愈戀。
死死生生，生生死死，先生先死，先死先生。

唱唱唱，唱唱唱，唱唱唱，唱出仙姬七姐歌。
扒扒扒，扒扒扒，扒扒扒，扒到龍門三級浪。

木魚擊落碧湖月，覺覺覺覺，先覺後覺無非覺覺。
金鐘打動世人心，空空空空，色空相空總是空空。

熙熙攘攘，暮暮朝朝，可憐他去去來來，個個勞勞碌碌。
我我卿卿，夫夫婦婦，但願得平平穩穩，年年喜喜歡歡。

花開花落，花落花開，夏夏秋秋，暑暑涼涼，嚴冬過後始逢春。
月圓月缺，月缺月圓，年年歲歲，暮暮朝朝，黑夜盡頭方見日。

笑古笑今，笑東笑西，笑南笑北，笑來笑去，笑自己原無知無識。
觀事觀物，觀天觀地，觀日觀月，觀來觀去，觀他人總有高有低。

南南北北，文文武武，爭爭鬥鬥，時時殺殺砍砍，搜搜刮刮，看看乾乾淨淨。
戶戶家家，女女男男，孤孤寡寡，處處驚驚慌慌，哭哭啼啼，真真悽悽慘慘。

大帥用兵，士卒效命，車轔轔，馬蕭蕭，氣象巍巍，祝此去一炮成功，方不愧出將入相。
至尊在上，長短休論，文泄泄，武遝遝，議和疊疊，到後來萬人失望，只落得搶地呼天。

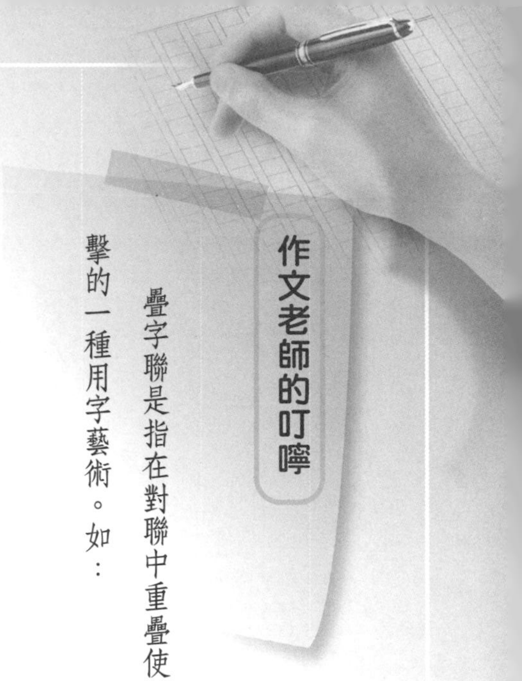

作文老師的叮嚀

疊字聯是指在對聯中重疊使用某個漢字，做為提升意境，進而形成視覺與聽覺感官衝擊的一種用字藝術。如：

樂樂樂樂樂樂樂

朝朝朝朝朝朝朝

這是寫在中國北京故宮太和殿裡的對聯，上下聯各用了七個同樣的疊字，既有強烈的視覺衝擊效應，讀起來難免讓人想起封建時代，文武百官在早朝的樂聲中，三拜九叩的情景。

疊字的巧妙運用，常常會為句子帶來意想不到的效果。

除了疊字，另有一種叫疊音，疊音是指在對聯中重疊使用同一個音，或近音的漢字，以便於創作出語音回環往復的用字藝術。

漢語音節約有四百多個，而漢字數量卻十分龐雜，其中同音近音的字非常多，所以要在句子中形成疊音的條件並不困難。

天星閣，閣落鴿，鴿飛閣未飛。

水陸洲，洲停舟，舟行洲不行。

上聯「閣」、「鴿」音近，下聯「洲」、「舟」音同，分別疊用五次，音韻悠美，繞有趣味。

HB

天天有空望天空

——頂針聯形成的句子

天天有空望天空——頂針聯形成的句子

所謂頂真，是指在句子中，上一句的結尾做下文的開頭，使上下兩句的頭尾上遞下接。簡單的說，頂真是一種修辭方法，是將上一句的結尾與下一句的開頭使用相同的字或詞，使相鄰的兩個分句，首尾相連，並用以修飾兩個句子的聲韻的方法，又稱「聯珠」、「聯錦」。

頂真修辭的作用大都用來說理，反映事物的內在關聯，使說出來的道理講得嚴密。又可用來敘事，可將字出事物間的條理，以言語順暢自然做表現。同時，也可用來抒情，以表達回環往復的感情，創造節奏和諧動聽的詞句。

運用頂真法寫作必須切合表達的需要，不可單求形式而損害文意。並且必須反映事物之間的內在關聯，字句表現絕對不能硬拼湊，拼湊的結果容易產生反效果。中國著名的作家魯迅在《阿Q正傳》一書中便有這樣的句子：

他贏了又贏，銅鉉變成了角洋，角洋變成了大洋，大洋又成了疊。

在《故鄉》一書中，一樣有這種句子：

真是愈有錢，便愈是一毫不肯放鬆，愈是一毫不肯放鬆，便愈有錢。

佛典《心經》一文裡頭提到的：

色不異空，空不異色，色即是空，空即是色。

這一句話是頂真修辭法寫作的經典句子；一切事物，因緣所生，其性本空，所以「色不異空」；其性雖空，而不阻礙因緣和合生起萬法，因此「空不異色」，並非離色別有空，離空別有色。色與空不是二法，依金做器，器器皆金，諸器差別相上，不是沒有金的平等相；因而能表現出「色即是空，空即是色」的真理說法，像這樣的句子不僅好唸、好記，也相對應運而生其中更深奧的人生哲思。

頂眞法寫作的詩句

魚釣釣魚，魚駭釣。

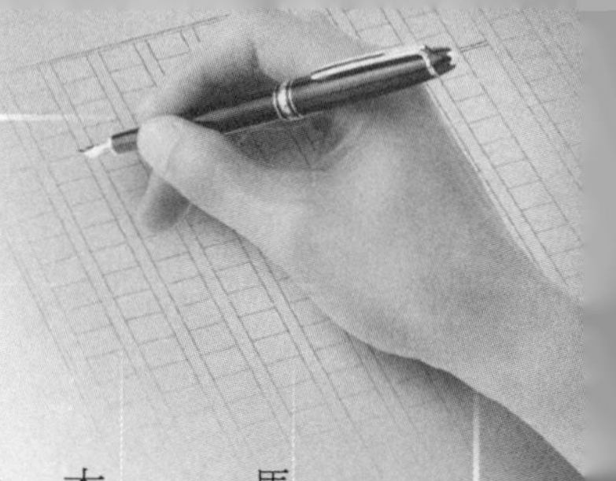

馬鞭鞭馬，馬驚鞭。
木匠做枷，枷木匠。
翰林監斬，斬翰林。

龍怒捲風，風捲浪。
月光射水，水射天。

松葉竹葉，葉葉翠。
秋聲雁聲，聲聲寒。

無錫錫山，山無錫。
平湖湖水，水平湖。

山羊上山，山碰山羊角。
水牛下水，水沒水牛腰。

小餅如嚼月，月似酥飴甜。

一心守道道無窮，窮中有樂。

萬事隨緣緣有分，分外無求。

水車車水水隨車，車停水止。

風扇扇風風出扇，扇動風生。

烈火煎茶，茶滾釜中喧雀舌。

清泉濯筍，筍沉澗底走龍孫。

法界由心，心中幻相皆成妄；

人生似夢，夢裡功名總是空。

千里為重，重山重水重慶府。

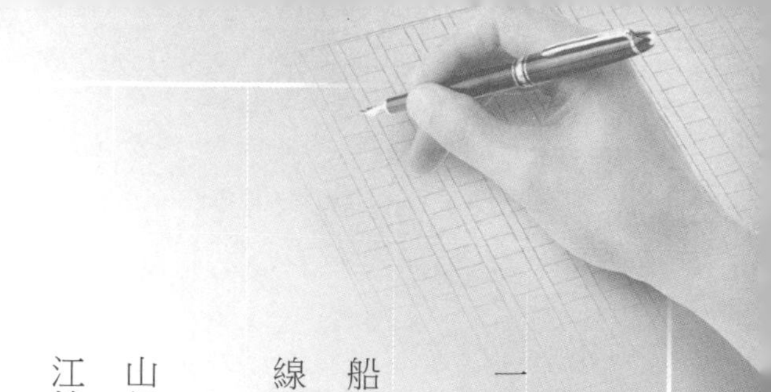

一人成大，大邦大國大明君。

船載櫓，櫓搖船，櫓動而船行。
線穿針，針引線，線縫而線綴。

山徑曉行，嵐氣似煙，煙似霧。
江樓夜坐，月光如水，水如天。

望天空，空望天，天天有空望天空。
求人難，難求人，人人逢難求人難。

白雲映水搖空城，白露垂珠滴秋月；
月下空吟久不歸，古來相接眼中稀。

金水河邊金線柳，金線柳穿金魚口。
玉欄杆外玉簪花，玉簪花插玉人頭。

開口便笑，笑古笑今，凡事付之一笑。
大肚能容，容天容地，與己何所不容。

白鳥忘飢，任林間雲去雲來、雲來雲去。
青山無語，看世上花開花落、花落花開。

弓長張張弓，張弓手張弓射箭，箭箭皆中。
木子李李木，李木匠李木雕弓，弓弓難開。

保俶塔，塔頂尖，尖如筆，筆寫五湖四海。
錦帶橋，橋洞圓，圓似鏡，鏡照萬國九州。

大魚吃小魚，小魚吃蝦，蝦吃水，水落石出。
溪水歸河水，河水歸江，江歸海，海闊天空。

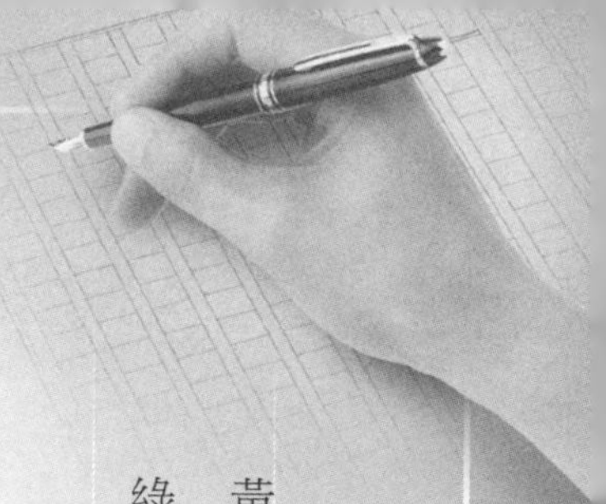

黃花崗，崗花黃，黃照碧血，血染黃花留芳閣。

綠水河，河水綠，綠映白塔，塔印綠水存真容。

水生煙，煙凝霧，霧騰雲，雲化雨，雨落無根水。

聽雨，雨住，住聽雨樓也住聽雨聲，聲滴滴，聽，聽，聽。

觀潮，潮來，來觀潮閣上來觀潮浪，浪滔滔，觀，觀，觀。

作文老師的叮嚀

漢字發展過程中，文人雅士偏愛以對聯方式為句，以對聯完成的句子，能夠使人盡情表現個人的文采，所有透過文字遊戲所呈現的對聯中，有一種被叫做「漏字聯」，所謂漏字聯是指在對聯中故意漏掉某個字，讓人透過上下聯語境，花心思去領會出對聯想表達的真正含義，這種以漏字的方式所表達的用字藝術，是對聯中很獨特的一種，它的重點在對聯中所刻意漏掉的部分，讀者必須根據漏掉的字的諧音去會意，從而破譯對聯的含義。

如：

二三四五
六七八九
橫批：南北

據稱這幅漏字聯是貼在一位窮書生家門上的。上聯「二三四五」，獨缺「一」字，下聯「六七八九」中，獨少「十」字，橫批「南北」，偏偏少了「東西」；如果運用諧音去會意這幅對聯，它的含義就是：缺衣（一）少食（十），沒有東西，譬喻窮困的意思。

經由文字遊戲所彰顯出來的獨特句法，不得不讓人佩服，能夠掌握文字的神奇妙用，必能創作出使人折服的佳句了。

讀書抓重點，吃麵挑生鮮

——對偶形成的句子

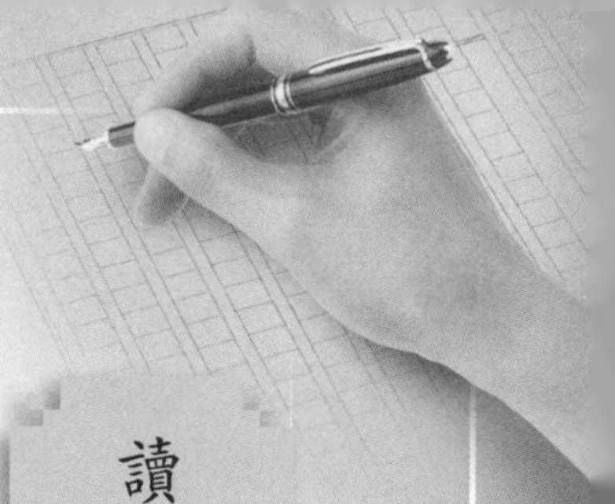

讀書抓重點，吃麵挑生鮮——對偶形成的句子

對偶句又叫對仗句。對偶句的本意是指把字數相等，語法結構相似，意義相關的兩個句組、單句或語詞，一前一後，成雙成對地排列在一起，以便表達一個相近、相對或相關意思的寫作方式。嚴格的對偶句寫作法，非常講究上下兩句話的語言成分，必須平仄相對，並且避免使用到相同的文字。

對偶句法的結構整齊，形式勻稱，音節和諧，讀起來不僅朗朗上口，而且好記好讀好懂，給人印象深刻；對偶，指的是兩句相對，上句叫「出句」，下句叫「對句」，如：「白日依山盡」是出句，「黃河入海流」就是對句。

如果文字運用得宜，對偶句不僅能夠充分表現出文采豐盛的內容，還可增強感人的文字藝術魅力，同時提高句型的優越效果。著名的對偶句，如：

有花堪折直須折，莫待無花空折枝。

遠看山有色，春去花還在；近聽水有聲，人來鳥無語。

對偶句的表達十分重視詞語的對等張力，上述兩句即深刻的表露出對偶句寫作的最高境界。對偶句的寫作法可分為以下五類：

句中對：

所謂「句中對」就是「句中自對」，即在同一個句子中，上下兩個詞語的字數、詞性相對，如：「讀書寫字」就是屬於句中對，「讀」對「寫」，「書」對「字」；再如：「風吹草動」也是句中對，「風」對「草」，「吹」對「動」。

岸芷汀蘭，鬱鬱青青。（范仲淹　岳陽樓記）

一日，正行之間，看看「山明水秀」，不覺天色已晚，趕不上宿頭。（施耐庵　魯智深大鬧桃花村）

一路上「秋山紅葉」、「老圃黃花」。（劉鶚　大明湖）

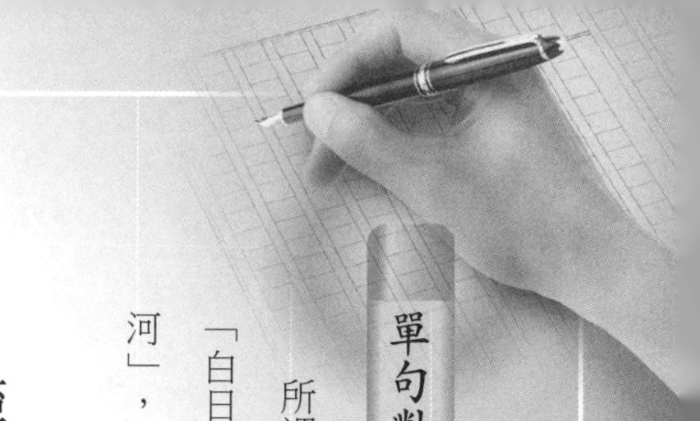

單句對：

所謂「單句對」是指上下兩句的字數相等，句法相稱，詞性相對，如王之渙的〈登鸛鵲樓〉：「白日依山盡，黃河入海流。」即是，「白」對「黃」，「日」對「河」，或是「白日」對「黃河」，「依」對「入」，「山」對「海」，「盡」對「流」。

苔痕上階綠，草色入簾青。（劉禹錫　陋室銘）

海內存知己，天涯若比鄰。（王勃　送杜少府之任蜀州）

芳草鮮美，落英繽紛。（陶淵明　桃花源記）

好鳥枝頭亦朋友，落花水面皆文章。（翁森　四時讀書樂）

天增歲月人增壽，春滿乾坤福滿門。（春聯）

君子量大，小人氣大。

讀書抓重點，吃麵挑生鮮。（速食麵廣告）

空間有限，創意無窮。（裝潢廣告）

雙句對：

所謂雙句對又叫隔句對，是指上兩句與下兩句的字數相等，句法相稱，詞性相對，如劉禹錫的〈陋室銘〉：「山不在高，有仙則名；水不在深，有龍則靈。」即是。「山不在高」對「水不在深」，「有仙則名」對「有龍則靈」。

泉水激石，泠泠作響；好鳥相鳴，嚶嚶成韻。（吳均 與宋元思書）

山不在高，有仙則名；水不在深，有龍則靈。（劉禹錫 陋室銘）

迷途知返，往哲是與；不遠而復，先典攸高。（丘遲與陳伯之書）

一粥一飯，當思來處不易；半絲半縷，恒念物力維艱。（朱子家訓）

長偶對：

所謂長偶對是指奇句對奇句，偶句對偶句，至少要六句以上，六句中有三組對偶。又稱「長偶對」。如《論語》中的：「譬如為山，未成一簣，止，吾止也；譬如平地，雖覆一簣，進，吾往也。」即是。「譬如為山」對「譬如平地」，「未成一簣」對「雖覆一簣」，「止」對「進」，

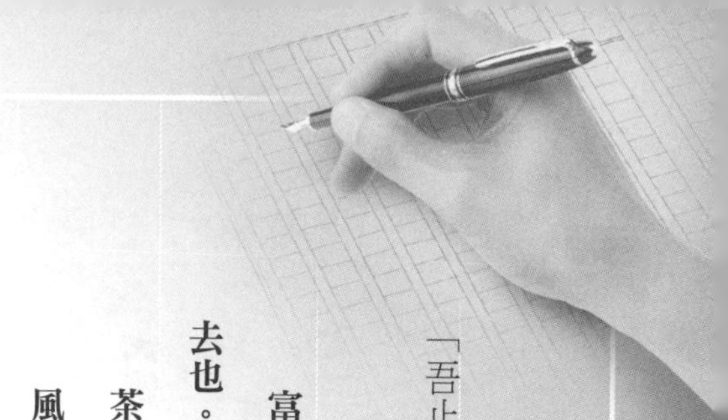

「吾止也」對「吾往也」。

富與貴，是人之所欲也，不以其道得之，不處也；貧與賤，是人之所惡也，不以其道得之，不去也。（論語　里仁篇）

茶，泡茶，泡好茶；坐，請坐，請上坐。（蘇東坡與老和尚）

風聲、雨聲、讀書聲，聲聲入耳。家事、國事、天下事，事事關心。（顧憲成　無錫東林書院楹聯）

東牆倒，西牆倒，窺見室家之好；前巷深，後巷深，不聞車馬之音。（朱熹　贈漳州某士子聯）

斷簡殘篇，蒐羅匪易；郭公夏五，疑信相參：則徵文難。老成凋謝，莫可諮詢；巷議街譚，事多不實：則考獻難。（連橫　台灣通史序）

酒，蕩漾在玻璃杯裡，瑚珀般的豔紅；笑，蕩漾在她的脣邊，紅梅般的動人。（張秀亞　懷念）

流水對：上句為因，下句是果。

欲窮千里目，更上一層樓。（登鸛鵲樓）

對偶句範例

◎關於寫人和記事

言必信，行必果。
過五關，斬六將。
親賢臣，遠小人。
鴻門宴，桃園盟。
名揚四海，聲震八方。
成事不足，敗事有餘。
壽比南山，福如東海。
功蓋天下，譽滿山河。
指鹿為馬，畫地為牢。
棋逢敵手，將遇良才。
久旱逢甘雨，他鄉遇故知。
浮雲遊子意，落日故人情。
與天地並壽，同日月齊光。

處處春光好，村村氣象新。
惜花春起早，愛月夜眠遲。
三杯竹葉穿心過，兩朵桃花上臉來。
日晚愛行深竹裡，月明多上小橋頭。

◎關於描景和狀物

桃灼灼，柳依依。
雪茫茫，雨霏霏。
清風明月，蒼松怪石。
十里荷紅，三秋桂香。
霧失樓台，月迷津渡。
亂石穿空，驚濤拍岸。
煙迷遠水，霧鎖深山。
長煙一空，浩月千里。
蒼山如海，殘陽如雪。

百花吐艷，萬木爭榮。

千峰凝翠，萬巒吐霞。

明月如霜，好風似水。

花草相掩映，雲霞共吐吞。

魚戲新荷動，鳥散餘花落。

亭亭山上松，瑟瑟谷中風。

桃花飛綠水，野竹上青霄。

飛星過水白，落月動沙虛。

一池芙蓉新出水，千層芳草遠浮山。

彩霞照萬里如銀，素魄映千山似水。

池上碧苔三四點，葉底黃鸝一兩聲。

亭杏花初落疏疏雨，楊柳輕搖淡淡風。

◎關於哲理和修養

水底月，鏡中花。

滿招損，謙受益。

一芽知春，一葉知秋。

人同此心，心同此理。

十月懷胎，一朝分娩。

明槍易擋，暗箭難防。

瓜熟蒂落，水到渠成。

近朱者赤，近墨者黑。

濁者自濁，清者自清。

金玉其外，敗絮其中。

勤能補拙，儉可助廉。

曉之以理，動之以情。

讀有字書，識沒字理。

人多出韓信，智多出孔明。

人多力量大，柴多火焰高。

天不言自高，地不語自厚。

若要人不知，除非己莫為。

澹泊以明志，寧靜而致遠。

時危見臣節，世亂識忠良。
疾風知勁草，歲寒識松柏。
疾風知勁草，日久見人心。
欲窮千里目，更上一層樓。
刀不磨會生銹，人不學要落後。
出淤泥而不染，濯清漣而不妖。
患難時要堅毅，順利時應謹慎。
靜坐常思己過，閒談莫論人非。
春華不如秋華好，今月常同古月明。
曾經滄海千層浪，又上黃河一道橋。
酒逢知己千杯少，話不投機半句多。
讀書有味千回少，對客無情一句多。
莫言前路無知己，但恐此心難對天。
書到用時方恨少，事非經過不知難。
無可奈何花落去，似曾相識燕歸來。
近水樓台先得月，向陽花木易為春。
好花偏遇三更雨，明月忽來萬里雲。

◎關於學習和勵志

勝不驕，敗莫餒。
靠山吃山，靠水吃水。
畫餅充飢，望梅止渴。
羽毛使鳥豐，知識使人美。
欲知千古事　須讀五車書。
勤奮出天才，實踐出真知。
讀書破萬卷，落筆超群英。
吟哦出新意，坦率見真情。
知識在於積累，才能在於忍耐。
風吹不動泰山，雨打不彎青松。
觀書到老眼如月，得句驚人胸有珠。
好書不厭百回讀，佳客時來一座傾。
書到疑時須逆志，事當難處但平心。

幾番磨琢方成器，十載耕耘自見功。

有萬夫不當之勇，無一事自足於懷。

敗事之路順溜溜，成事之路彎曲曲。

宇宙是財富之母，勞動是財富之父。

◎關於友誼和愛情

連理枝，並蒂蓮。

流水無情，落花有意。

看樹看根，看人看心。

物以類聚，人以群分。

青山不老，綠水長流。

錦上添花，雪中送炭。

人不可貌相，海不可斗量。

月上柳梢頭，人約黃昏後。

足跡半天下，心知唯故人。

好景君須記，深情我自知。

朋友千個少，冤家一個多。

海內存知己，天涯若比鄰。

迢迢牽牛星，皎皎河漢女。

歲寒知松柏，患難見交情。

有情喝水也甜，無情吃糖也苦。

天若有情天亦老，月若無根月長圓。

仇人懷中藏白刃，情人眼裡出西施。

春蠶到死絲方盡，蠟炬成灰淚始乾。

曾經滄海難為水，除卻巫山不是雲。

酒不醉人人自醉，花不迷人人自迷。

酒逢知己千杯少，話不投機半句多。

勸君更進一杯酒，與爾同消萬古愁。

萬兩黃金容易得，一個知心最難尋。

畫虎畫皮難畫骨，知人知面不知心。

◎關於文藝的風格

文以載道，史以記事。
失之毫釐，差之千里。
意料之外，情理之中。
持之有故，言之成理。
滿紙荒唐言，一把辛酸淚。
文心清若水，詩膽大如天。

春去花還在，人來鳥無語。
題材無禁區，作家有立場。
尚書即散文之祖，詩經乃詩歌之端。
蘇軾唱大江東去，柳永吟曉風殘月。
相如一賦值千金，屈原一騷傳萬代。
稼軒筆下龍蛇走，定庵硯上風雷吼。
山川出雲即霖雨，日月合璧為文章。

對偶成語

一字千金
一波三折
一曝十寒
七上八下
七情六慾
七嘴八舌
九牛一毛

九牛二虎
九死一生
人面桃花
刀光劍影
三心二意
三頭六臂
上山下海

上行下效
亡羊補牢
千方百計
千辛萬苦
千呼萬喚
千姿百態
千鈞一髮

千頭萬緒
口是心非
土雞瓦犬
大材小用
山光水色
山明水秀
山高水長
山窮水盡
五光十色
五花八門
五湖四海
天昏地暗
天荒地老
天崩地裂
天造地設
天寒地凍

天經地義
天誅地滅
天寬地闊
天羅地網
心平氣和
日新月異
水落石出
火樹銀花
出生入死
包羅萬象
四分五裂
四平八穩
四通八達
左支右絀
左顧右盼
打草驚蛇

瓜田李下
瓜熟蒂落
生龍活虎
白雲蒼狗
石破天驚
丟三落四
先斬後奏
尖嘴猴腮
曲突徙薪
羊入虎口
冷嘲熱諷
完璧歸趙
改頭換面
攻城掠地
李代桃僵
杏雨梨雲

杏臉桃腮
杞人憂天
男歡女愛
依山傍水
兔死狗烹
呼天喊地
和顏悅色
居安思危
庖丁解牛
拋磚引玉
拋頭露面
抱薪救火
明爭暗鬥
東倒西歪
物美價廉
狐假虎威

花天酒地
虎頭蛇尾
青梅竹馬
南橘北枳
南轅北轍
怨天尤人
春去秋來
春花秋月
柳暗花明
眉來眼去
紅男綠女
飛黃騰達
倒行逆施
消聲匿跡
海枯石爛
海闊天空

狼吞虎嚥
疾言厲色
粉身碎骨
郢書燕說
除舊佈新
高風亮節
高瞻遠矚
張牙舞爪
晝伏夜出
望梅止渴
頂天立地
圍魏救趙
朝三暮四
朝秦暮楚
胡言亂語
無影無蹤

成語中的對偶句

虛懷若谷
越俎代庖
跋山涉水
量入為出
開天闢地
陽春白雪
揠苗助長
滄海桑田
萬無一失

萬紫千紅
僧多粥少
寡言少語
滾瓜爛熟
獐頭鼠目
聞雞起舞
遠交近攻
撥雲見日
瞞天過海

積少成多
龍飛鳳舞
聲東擊西
斷子絶孫
翻雲覆雨
舊雨新知
雞飛狗跳
穩紮穩打
歡天喜地

一分耕耘，一分收穫。
一犬吠影，百犬吠聲。
一言既出，駟馬難追。

一波未平，一波又起。
人為刀俎，我為魚肉。
十目所視，十手所指。
十年樹木，百年樹人。

工欲善其事，必先利其器。
不入虎穴，焉得虎子。
仁者見仁，智者見智。
仁者樂山，智者樂水。
匹夫無罪，懷璧其罪。
少壯不努力，老大徒傷悲。
日圖三餐，夜圖一宿。
以子之矛，攻子之盾。
以眼還眼，以牙還牙。
失之東隅，收之桑榆。
失之毫釐，差之千里。

同聲相應，同氣相求。
好事不出門，惡事傳千里。
成事不足，敗事有餘。
江山易改，本性難移。
放下屠刀，立地成佛。
前無古人，後無來者。
塞翁失馬，焉知非福。
嫁雞隨雞，嫁狗隨狗。
落花有意，流水無情。

作文老師的叮嚀

對偶又稱對仗或叫對比，這些名詞都是近代才產生的。唐朝定義近體詩格律的時候，規定律詩的三、四及五、六句，必須詞性相對且平仄相反，這樣讀起來才通順；後來，文人為文時，即使不是律詩，撰文時還是會出現字數和詞性相同的詞句，於是研究修辭法的學者便將這種詞語修辭法稱為對偶。

句子當中，上下兩句的字數相等，詞性相同，平仄相對，稱為對偶修辭法。它的作用主要用來使文章形式工整，意境幽遠，語意自然。

撰寫對偶句，必須注意平仄相反，「平」是指發音中的一聲或二聲，「仄」是指三聲或四聲，如：「水光瀲灩晴方好，山色空濛雨亦奇」的平仄發聲為「仄平仄仄仄平平仄，平仄平平仄仄平」；再如：「荷盡已無擎雨蓋，菊殘猶有傲霜枝」的平仄發聲為「平仄仄平平仄仄，仄平平仄仄平平」。學生們熟悉的「不以物喜，不以己悲」看來像對偶句，其實卻是排比句法。

對偶成語造句：

口是心非：他一副風度翩翩的樣子，其實是個口是心非的小人，千萬別被他的外表騙了！

僧多粥少：雖然這間寺廟僧多粥少，但住在裡面的僧侶都知足常樂。

積少成多：他目前的財產很少，但積少成多，十年後他必能成為百萬富翁。

HB

明月何時再照人

——諧音雙關聯形成的句子

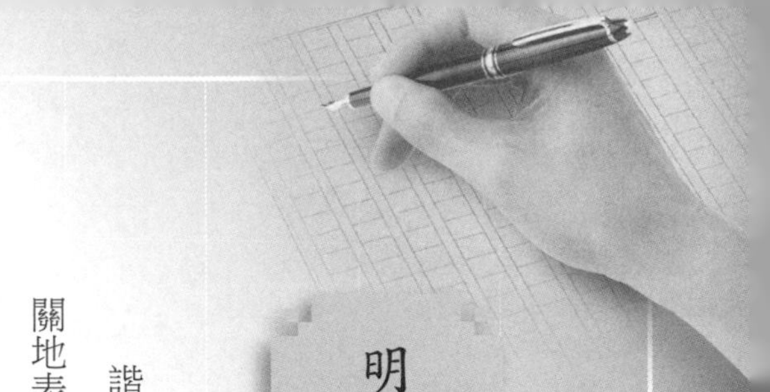

明月何時再照人——諧音雙關聯形成的句子

諧音聯是利用對聯中某些字句的同音同義特點，使一句話涉及到兩件事情或兩種內容，一語雙關地表達所要傳達的深沉意思，也是一種創作特殊、表達情趣的用字藝術。

諧音的形成和漢字的特點密切相關，漢字中同音字眾多，同音而異義，很容易構成諧音的文字學基礎。如：

仁壽殿慈禧弄權，非人是獸。

玉瀾堂太后囚帝，縱欲貪婪。

上述諧音聯是利用諧音模式，巧妙地將「仁壽」分解成「人」和「獸」，把「玉瀾」分解成「欲」和「婪」，用來表達百姓對於清末慈禧太后專權妄為的痛恨。

而「雙關聯」也是利用漢字語音和語義的特點，使文字同時表達兩層意義的一種用字藝術。雙關又分諧音雙關和語義雙關，前者是利用語音相同的條件，後者的產生則基於漢字的多義性。如：

眼前一簇園林，誰家莊子？
壁上幾行文字，哪個漢書？

此聯妙在末尾「莊子」，一指莊園，二指戰國時哲學家莊周；「漢書」一是說漢子寫，二指東漢史學家班固著的《漢書》。

再看金聖嘆的遺作：

蓮子心中苦
梨兒骨裡酸

句子中的「蓮子」和「梨兒」都是諧音，是金聖嘆兩個兒子的名字，蓮子的心是苦的，梨子的心是酸的，這是它們的特性，金聖嘆巧妙地借用「蓮子」來表示「憐子」，借用「梨兒」來表示「離兒」，金聖嘆借用「憐」和「離」把他「苦而酸」的心情迂迴地說出來。

雙關是用一句詞語同時關注到兩種不同的事物，或者兼含兩種不同意義的修辭方式。古代的民歌、小說、戲曲，都廣泛運用到雙關修辭。雙關如若運用得當，可使文章蘊藉、風趣、語言鮮活，常可收到意想不到的效果。雙關可分為三類：一、諧音雙關，二、詞義雙關，三、句義雙關。

雙關聯詞句

粟綻縫黃見。
藕斷露絲飛。

孔子生於舟末。
光舞起自漢中。

雨灑灰堆成麻子。
風吹荷葉像烏龜。

虛心竹有低頭葉。
傲骨梅無仰面花。

未出土時便有節。
及凌雲處尚虛心。

昨夜敲棋尋子路。
今朝對鏡見顏回。

獨覽梅花掃臘雪。
細睨山勢舞流溪。

清風滿地難容我。
明月何時再照人。

簷下蜘蛛一腔絲意。
庭前蚯蚓滿腹泥心。

兩船並行，櫓速不如帆快。
八音齊奏，笛清難比簫和。

尼姑栽秧，雙手按插佈陣。
和尚挑水，兩膀盡是汗淋。

月朗晴空，今夜斷言無雨。

風寒露冷，來晚必定成霜。

眼前一簇園林，誰家莊子。
壁上幾行文字，哪個漢書。

塔內點燈，層層孔明諸角（葛）亮。
池中栽藕，節節太白理長根（庚）。

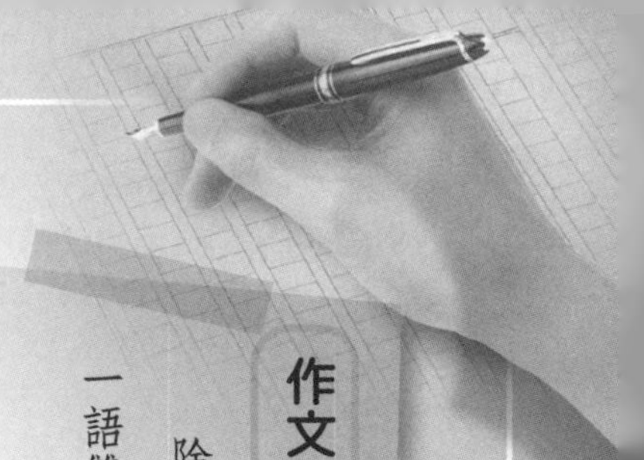

作文老師的叮嚀

除了漢語和台語的生活語詞裡，充滿許多諧音和雙關的句子和歇後語，英語也有不少一語雙關的幽默句子，底下摘錄一些生活中常出現的幽默迷你句型：

Money is not everything. There's Mastercard and Visa.

鈔票不是萬能的，有時還是需要信用卡。

One should love animals. They are so tasty.

每個人都應該熱愛動物，因為牠們很好吃。

Save water. Shower with your girlfriend.

要節約用水，所以儘量和女友一起洗澡。

Love the neighbor. But don't get caught.

要用心去愛你的鄰居，不過不要讓她的老公知道。

Behind every successful man, there is a woman. And behind every unsuccessful man, there are two or more.

每個成功男人的背後，都有一個女人。每個不成功男人的背後，都有兩個或更多。

Every man should marry. After all, happiness is not the only thing in life.

再快樂的單身漢遲早也會結婚，畢竟幸福不是永久的。

The wise never marry.

聰明人都是未婚的。

Success is a relative term. It brings so many relatives.

成功是一個相關名詞，它會給你帶來很多不相關的親戚。

Never put off the work till tomorrow what you can put off today.

不要等明天交不上差再找藉口，今天就要找好。

Love is photogenic. It needs darkness to develop.

愛情就像照片，需要大量的暗房時間來培養。

Children in backseats cause accidents. Accidents in backseats cause children.

後座上的小孩會發生意外，後座上的意外會生出小孩。

"Your future depends on your dreams."So go to sleep.

現在的夢想決定著你的將來，所以，還是再睡一會吧！

There should be a better way to start a day than waking up every morning.

應該有更好的方式開始新的一天，而不是千篇一律地在每個上午都醒來。

HB

打開天窗說亮話

——歇後聯形成的句子

打開天窗說亮話——歇後聯形成的句子

歇後語是漢語文字遊戲中最普遍的一種，將一句話分成兩部分來表達某個含義，跟諧音和雙關的意義相似。句子的前一部分為隱喻或比喻，後一部分為意義的解釋。陳望道在《修辭學發凡》中稱歇後語為「藏詞」，也可稱為「俏皮話」。

最初的歇後語是對當時代通用的成語、成句的省略。後來的歇後語在結構上是比喻和說明式的俏皮話。使用的人往往只說出比喻的前部分，後面的解釋則讓聽者自己領悟。

歇後語可以分成兩種類型：

一種是邏輯推理式的，說明部分是從前面比喻部分推理的結果。如：

豬八戒照鏡子—裡外不是人。

水仙不開花—裝蒜。

啞巴吃黃連——有苦說不出。

另一種是諧音式的歇後語，這種歇後語在前一種類型的基礎上加入了諧音為要素。如：

外甥打燈籠—照舊（舅）。

孔夫子搬家—盡是輸（書）。

火燒旗桿—長炭（嘆）。

糞坑關刀——文（聞）也不能，武（舞）也不能。

邏輯推理式的歇後語

八十歲照鏡子——老樣子。

八仙過海——各顯神通。

八個人小合唱——異口同聲。

丈二和尚——摸不著頭腦。

口水多過茶——會說不會做。

小孩吹喇叭——口氣不大。

小魚追鴨子——自找死路。

天上的浮雲——一吹就散。

孔夫子教三字經——大材小用。

孔明借箭——滿載而歸。

斗大的饅頭——無從下口。

水仙不開花——裝蒜。

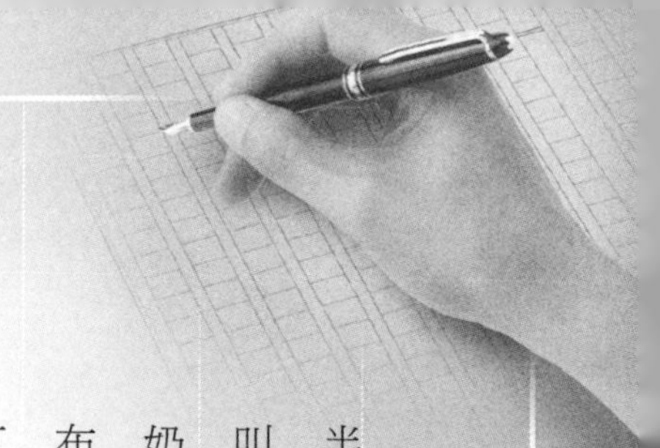

半夜作噩夢——自己嚇自己。

叫化子吃鑰匙——窮開心。

奶媽抱孩子——人家的。

布袋裡抓貓——十拿九穩。

打開天窗——說亮話。

正月裡賣門神——過時貨。

玉皇大帝請大假——六神無主。

白毛烏鴉——與眾不同。

皮影戲打架——都是一個人搞的。

光棍佬教仔——便宜莫貪。

匈奴南侵——胡鬧。

吊死鬼擦粉——死要面子。

竹籃子打水——一場空。

老太太的裹腳布——又臭又長。

老王賣瓜——自賣自誇。

肉包子打狗——有去無回。

床下吹喇叭——低聲下氣。

沖涼缸釣魚——白費心機。

秀才遇著兵——有理說不清。

兔子看人——眼紅。

和尚看嫁妝——下輩子了。

泥水佬開門口——過得自己過得人。

泥菩薩過江——自身難保。

狗咬呂洞賓——不識好人心。

狗拿耗子——多管閒事。

盲人吃湯丸——心中有數。

金魚尾巴——搖擺不定。

阿崩叫狗——愈叫愈走。

亭子裡聊天——說風涼話。

姜太公釣魚——願者上鉤。

飛蛾撲火——找死。

孫猴的臉——說變就變。

孫猴偷桃——不想後果。
烏鴉打架——黑對黑。
破燈籠——別點了。
秦檜殺岳飛——罪名莫須有。
紙裡包火——瞞不過。
財到光棍手——一去無回頭。
酒樓的點心車——推來推去。
鬼打官司——死不讓人。
偷雞不成——蝕把米。
啞巴吃黃連——有苦說不出。
梁山兄弟——不打不相識。
殺雞用牛刀——小題大作。
脫褲子放屁——多此一舉。
被窩裡放屁——自個兒聞吧。
雪地裡聊天——冷言冷語。
雪地裡滾球——越滾越大。

廁所裡看報紙——多見多聞。
湯藥裡放糖——苦中有甜。
黃鼠狼咬烏龜——無從下手。
黃鼠狼看雞——越看越稀。
黃鼠狼給雞拜年——沒安好心眼。
黃連樹下彈琴——苦中作樂。
黑白無常敘交情——鬼話連篇。
楚河漢界——一清二楚。
楊家將出征——全家出動。
獅子開大口——胃口不小。
賊娃娃偷強盜——強中自有強中手。
跳高比賽——得寸進尺。
過街老鼠——人人喊打。
壽星公弔頸——嫌命長。
壽星老服毒——活得不耐煩了。
對牛彈琴——不是知音。

熊貓跳舞——笨手笨腳。

算盤上的珠子——不撥不動。

碼頭上釣大魚——落空。

豬八戒吃豬肝——自殘。

豬八戒照鏡子——裡外不是人。

魯班門前弄斧——不自量力。

獨眼龍看戲——一目瞭然。

螃蟹過河——七手八腳。

螞蟻吹蕭——好大的口氣。

閻王嫁女兒——鬼要。

鴕鳥政策——藏頭露尾。

斷線的風箏——飄了。

禮義廉——無恥。

雞蛋裡挑骨頭——沒事找碴。

羅漢請觀音——賓少主多。

關老爺面前耍大刀——不自量力。

癩蛤蟆想吃天鵝肉——心高妄想。

鐵匠做官——只管打。

聾子的耳朵——裝個樣子。

鱷魚流淚——假慈悲。

諧音式的歇後語

一連下了三月雨——少情（晴）。
二三四五——少衣（一）。
六七八九——缺食（十）。
三十年做寡婦——老手（守）。
土地公掉到河裡——失（濕）神。
孔夫子的口袋——書呆（袋）子。
孔夫子的手巾——包輸（書）。
孔夫子的徒弟——閒（賢）人。
火燒旗桿——長炭（嘆）。
外甥打燈籠——照舊（舅）。
老九的兄弟——老實（十）。
老虎拉車——誰敢（趕）。
扯鈴扯到半空中——空想（響）。
投石落屎坑——激起公憤（糞）。
沒牙的徒弟——無恥（齒）之徒。

肚子裡撐船——內行（航）。
和尚打傘——無法（髮）無天。
和尚的腦袋——沒髮（法）。
狗吃青草——裝佯（羊）。
空棺材出喪——目（木）中無人。
皇帝的娘——太厚（后）。
茅坑裡扔炸彈——激起民憤（糞）。
破琵琶——談（彈）不得。
荷花塘裡著火——偶然（藕燃）。
麻布洗臉——初（粗）會面。
媽媽的眾姐妹——多疑（姨）。
牆頭上種白菜——難教（澆）。
糞坑關刀——文（聞）也不能，武（舞）也不能。
警犬的鼻子——真奸（尖）。
鹽櫃裡掌櫃的——大閒（鹹）人。

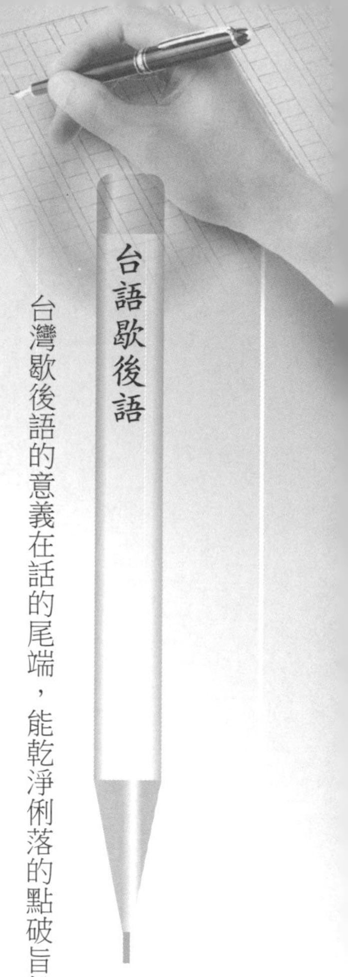

台語歇後語

台灣歇後語的意義在話的尾端，能乾淨俐落的點破旨趣，這跟漢語邏輯推理式的歇後語一樣，常讓聽者有如夢初醒，恍然大悟的妙處。台語歇後語在文字遊戲中，顯然也具備著諧音和雙關的本質，但其深層的真諦，更具有正面激勵的作用。

七月半鴨——不知死活。

二十兩——斤四（近視）。

十二月南風——現報。

十二月屎桶——盡拼（豁出去了）。

十二月睏屋頂——凍霜（吝嗇）。

十二月風箏——瘋到沒尾（瘋狂至極）。

十五尊的土地公分兩邊——七土八土。

十全減兩味——八珍。

十角——一塊散散（一個人散散的）。

上帝公博輸交——當龜（損龜）。

乞食拿蚊呀——假仙。

乞食拜墓——褻祖公。

乞食揹葫蘆——假仙。

乞食過溪——行李多。

土地公毋驚風颱——老神在在（穩穩不怕）。

大官娶細姨——加婆（雞婆）。

六月割菜——假有心。

六月棉被——揀人蓋。

天公的帳簿——大冊（大氣）。
日本清飯——壽司（輸死）。
歹看面——面雄（臉色難看）。
水肥車排歸排——拖屎連（慢吞吞）。
火燒罟寮——全無網（完全沒希望）。
火燒墓仔埔——煙鬼。
火燒豬頭皮——面熟。
北港廟壁——畫仙（話仙）。
台灣蟳——無膏（無力或沒有學問）。
外省仔麵——免啦。
幼稚園招生——老不收（老不修）。
甘蔗歸叢哺——沒斬節。
生理人抬大肥——賣屎（不行）。
田中間建廟——種宮（正經）。
夯石頭鎮大路——絕交。
尻川夾火金姑——椵青（裝蒜）。

吊鼎——家無米坎，鍋都吊起來。
吃紅柿配燒酒——存辦死（找死）。
囝仔坐火車——嘟嘟好（剛剛好）。
囝仔穿大人衫——大輸（大套）。
囝仔跌倒——媽媽撫撫（馬馬虎虎）。
有樓無梯——欠梯（欠打）。
有應公的童乩——講鬼話。
老人吃紅蟳——管無效（講也沒用）。
老人吃麻油雞——老熱（熱鬧）。
老鼠入牛角——穩篤篤（一定會）。
老鼠沒洗澡——有鼠味（有趣味）。
老鼠泅過溪——人人喊打。
坐轎的不知扛轎的辛苦——到今你才知。
屁股夾火金姑——鄭青（知道卻裝不知道）。
灶孔烱鱔魚——燒鰻（相瞞）。
秀才包袱巾——包書（包輸）。

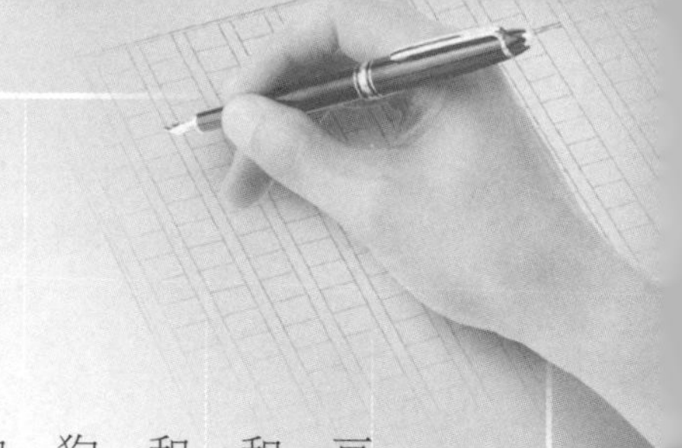

豆腐撞石頭——無磕（不是對手）。

和尚夯雨傘——無髮無天（無法無天）。

和尚划船——沒髮渡（沒法度）。

狗吠火車——指做的事毫無意義、白費功夫。

狗食糯米——不會應變（不消化）。

阿兄住樓上——哥哥在上（高高在上）。

阿兄沒頭路——閒哥（鶯歌）。

阿婆生子——真拼。

阿婆穿戴安芬——不會裝會。

阿嬤生子——說著高興。

阿嬤生查某子——生姑（發霉）。

青肓看告示——看不懂。

青肓食圓仔湯——心裡有數。

青肓貓咬雞——不肯放下。

青肓點燈——白費。

青盲娶某——暗爽。

便所底彈吉他——臭彈（吹牛）。

保護三藏去取經——要猴（著猴）。

剃頭店公休——沒理髮（沒你法）。

查某子，嫁大爺——女孩嫁給大爺，名聲好。

紅龜抹油——水面（金玉其外的意思）。

食蟳興講——喜歡說話。

孫悟空做投手——豬哥承（豬哥神）。

神州城，假驚——假怕的。

鬼仔騙鬼王，鍋蓋螞蟻——騙不了。

接骨師父——湊手腳。

牽豬哥丟掉錢——彩滫。

笨貓爬樹——不成猴。

麥芽糖罐——愛人譙（罵）。

麻豆旗竿——菁仔欉（冒失鬼）。

棺材底放炮——吵死人。

番仔嘴鬚——沒半批（什麼都不會）。

跛腳行桌頂——搖桌，意即很好。
黑人吃火炭——黑吃黑。
傳家佛經——世世唸（碎碎唸）。
煙筒管破孔——壞管（難說）。
矮人爬厝頂——欠梯（欠揍的意思）。
腳底抹油——溜（溜之大吉）。
路邊的尿桶——眾人旋（罵）。
墓仔埔做大水——淹墓（失望）。
蒸籠蓋蓋沒密——漏氣。
蒼蠅戴龍眼殼——蓋頭蓋臉（不知死活）。
廟仔遭賊偷——失神。
廣東目鏡在人合——適與不適，隨人不同。
澎湖菜瓜——十嶺（雜唸）。
瞎眼的採八仔——穩當（妥當）。

駝背仔下坡——知知（意即知道的意思）。
駝背仔上坡——真拼（意思很努力）。
整棵好好——沒剉（沒有錯）。
螞蟻上樹——隨人爬（各做各的）。
頷頸生瘤——抵到了。
鴨蛋丟過山——看破。
鍋蓋螞蟻——逃無路。
隱龜拋車麟——吃力兼難看。
隱龜放屁——彎彎翹翹。
隱龜泅水——彎泅（冤仇）。
隱龜娶大肚——都都好。
隱龜落崎——栽栽（知知）。
羅漢請觀音——主人多過人客。
屬豬——亥了（壞了）。

趣味的歇後聯

歇後語是熟語的一種，大都使用群眾既熟悉又充滿詼諧的語句為文，運用時可先隱去後文，只以前文示義，有時候也可以前後文並列，採用這種手法製作的聯語叫「歇後聯」，它的主要素材來源均取自民間流行的歇後語。

未必逢凶化——吉。
何曾起死回——生。

君子之交淡如——水。
醉翁之意不在——酒。

稻草紮秧——父抱子。
竹籃提筍——母懷兒。
馬過木橋——蹄打鼓。

雞啄銅盆——嘴敲鑼。

開花芝麻——步步高。
出土甘蔗——節節甜。

廩生抹圍裙——斯文掃地。
屠戶戴頂子——殺氣沖天。

強盜畫喜容——賊相難看。
閻王出告示——鬼話連篇。

和尚撐船——篙打江心羅漢。

佳人汲水——繩牽井底觀音。

醉漢騎驢——顛頭簸腦算酒帳。

艄公捋櫓——打拱作揖討船錢。

碧紗帳內坐佳人——煙籠芍藥。

清水池中洗和尚——水浸葫蘆。

雞犬過霜橋——一路竹葉梅花。

牛馬行雪地——兩行蚌殼團魚。

作文老師的叮嚀

以文字遊戲為樂的對聯寫作中，另有一種叫「謎語聯」，是將大家熟悉的謎語用對聯的形式表達出來，只有題目，謎底就得仰賴自己的想像力和智慧判斷力去猜測了。

你共人女邊著子（好）。怎知我門裡添心（悶）。

魯肅遣子問路（敬請指導）。陽明笑啟東窗（歡迎光臨）。

口中含玉確如玉（國）。台下有心實無心（怠）。

日落眅殘 免去凡心一點（禿）。爐熄火盡 務把意馬牢拴（驢）。

白蛇過江頭頂一輪紅日（油燈）。青龍掛壁身披萬點金星（秤）。

HB

嗟嘆嚎啕哽咽喉

——同偏旁部首聯形成的句子

嗟嘆嚎啕哽咽喉——同偏旁部首聯形成的句子

選取偏旁、部首相同的漢字，再巧思地運用文字的特性所組成的對聯稱「同偏旁部首聯」。

同旁是指上下聯分別選用偏旁相同的漢字組成對聯的用字藝術。同旁具有形式和意義兩方面的作用。形式上，相同偏旁能夠形成一種類似排比的氣勢，更可以創作出整齊規律的視覺美感；由於偏旁本身也有意義，讓一組同旁部首的漢字放在一起，可以強化句子整體的表義功能。如：

淚滴湘江流滿海。

嗟歎嚎吻哽咽喉。

這首同偏旁部首聯，上聯均用水的部首，表達出淚水多到可以灌滿江海；下聯均用口的部首，彰顯出強烈的嚎啕哭聲，哭到嗓子全啞了。

利用同旁部首的漢字寫出有意義的句子或對聯，能傳達出對於漢字的深刻瞭解，以及對字義的深沉認知。

水部

湛江港清波滾滾。
渤海灣濁浪滔滔。

艸部

荷花莖藕蓬蓮苔。
芙蓉芍藥蕊芬芳。

馬部、木部

驅騷駛駑驚馬騤。
植檀栽桂森木榮。

水部、口部

淚滴湘江流滿海。
嗟嘆嚎啕哽咽喉。

辵部

迎送遠近通達道。
進退迅速遊逍遙。

辵部

逢迎遠近逍遙過。
進退連還運道通。

宀部

寵宰宿寒，家窮窗寂寞。
客官寓宮，宦富室寬容。

宀部、辵部

寄寓客家，牢守寒窗空寂寞。
迷途逝遠，返迴達道遊逍遙。

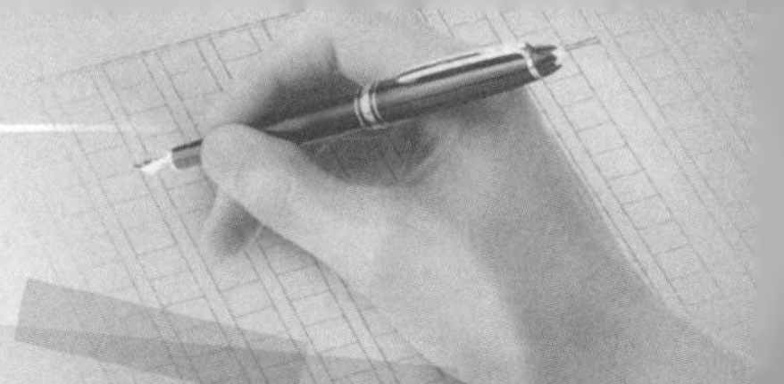

作文老師的叮嚀

以文字遊戲的方式所發展出來的對聯當中，除了對偶聯、拆字合字聯等之外，尚有戲答聯、隱字聯、謎語聯和同偏旁部首聯。古往今來，有的對聯因上聯過於奇巧，使人難以應對，於是便成了難對聯，有的雖已有應對，但有的至今仍是絕對，沒有下聯的絕對對聯等。

其中，另有一種被稱為「曲解聯」的，曲解，是指故意歪曲理解對聯中的某個字，從而形成特殊表達效果的一種用字藝術。曲解聯所使用的漢字，往往會善加利用漢字一字多義的特點，或者曲解漢字偏旁部首所構成的隱喻句，文字裡隱含著另一層意思，是曲解聯最大的特色。

熊縣長能者多勞，跑斷四條狗腿。
卞委員下不堪言，縮起一點龜頭。

這是一幅曲解的諷刺聯，描述民國初年，國民黨時期江蘇省某縣長熊養和，無才無德，只會逢迎拍馬，適逢省黨部的卞委員下鄉視察，熊縣長為了接待長官到來，忙得腳不沾地。卞委員來到之後，只管聽戲、喝酒和跳舞，顧不得視察，縣裡有好事者見狀，便快筆撰寫出上述的曲解聯，以諷刺這兩個無知無能又無德的人。

這首對聯所使用的文句，以兩人姓氏做文章，巧妙地利用字形特徵，把「熊」和「卞」拆開，這是拆字；更妙的是，將「熊」字下的四點曲解為「跑斷四條狗腿」，把「卞」字上的一點曲解成「縮起一點龜頭」，不知道無才無德的熊縣長和卞委員是否看明白。

老百姓運用曲解聯的方式寫作，道盡心聲，果然是絕妙創作。

HB

林老師過著深入淺出的生活

——病句辨析

林老師過著深入淺出的生活——病句辨析

作文時，除了以字成詞，再以字詞串連為句子、段落，過程中，必須注意句子的完整性，應該具備以下的條件：有頭有身體有尾、語意要完整、合理而通順、適當的標點，並要考慮語意的完整性。

學生作文最常見的「病句」型態有：錯字、贅字、標點錯誤、用詞不當、詞類誤用、語序不當、搭配不當、成分殘缺、結構混亂、語意不明和邏輯不通等。

其中結構混用，使句子糾纏不清、語意不通最為普遍。如：我一定要做好一個受同學歡迎的班長。這個句子可以簡化成「我一定要做好班長」或「我一定要做一個受同學歡迎的班長」即可。

寫作文時，如果文句裡出現病句，不但使人覺得不知所云，甚至造成誤會。作文時用詞造句會出現病句的原因，主要在於語詞累贅，使語意彆扭不已；多次否定，造成語意模糊不清；思考不周密，使意思前後矛盾；概念不清，造成語意混亂不明；錯用語詞，以致造成笑話。如：非洲面積最大的幾個國家是……。或者如：各位校長、老師……。

使用「最」字來形容某事、某物或某個人時，最多只能表示一個，不可以一次有好幾個；所以，「非洲面積最大的幾個國家是……」應該寫成「非洲面積最大的國家是……」。

敘述人物使用「各位」，指的是許多人的簡稱，說「各位老師」、「各位家長」可以，因為老師和家長有許多位，而校長只有一位，就不能用「各位」了。

語文是學習寫作過程，跟文字運用和語詞文法不可分割的連體嬰，語文的學習，實際上是語文素質和語文能力提高的過程，若要提高語文素質和語文能力，就離不開讀和寫作了。

也就是說，要解決作文的「病句」，讀和寫是一大要素，多讀和多寫可以提高語文素質和語文能力。也可以這樣說，讀，是指閱讀和理解；寫，是指書寫和作文。語文學習的技巧和學習作文用詞造句，最重要的就是這兩件事。

讀，可以培養語感。「這個句子為甚麼是一個病句？」很多時候，不必去問「為甚麼？」語感早已告訴我們「這個句子有問題。」而語感的培養，便來自於平時「讀」的經驗累積。

讀，是提高閱讀理解能力最有效的捷徑，也是累積語文基礎和作文素材的方法，更是動口動腦動手的過程。

寫，則包括了書寫和作文；雖說文無定法，但寫作文還是得講究方法。一般來說，應試作文與平時寫作是有區別的。平時寫作，講求「品味」，而應試作文屬於瀏覽式，非得注意技巧不可，

比如文章開頭，單刀直入，開宗明義，就要表明清楚，否則，讓人看了半天仍是霧裡看花，丈二和尚摸不著頭腦就不好了。

要寫好作文，如何使用正確的詞句？使用怎樣的句子組合？「動之以情，曉之以理。」是為文過程不能忽視的要點。

病句類型範例

● **病句：使用後請沖水，保持廁所清新的環境。**

病因：用詞不當。廁所環境應該用「乾淨」或「清潔」才對，「清新」二字指空氣、空間。

修改：「清新」改為「清潔」即可。

● **病句：校慶運動會的比賽，他創傷得很重。**

病因：「創傷」是名詞，被誤為動詞使用。這是用詞不當，詞類誤用。

修改：「創傷」改為「傷」即可。

● **病句：媽媽在我很小的時候，因病去世，爸爸身兼母職，他的辛勞真是罄竹難書。**

病因：「罄竹難書」是形容罪行多得怎麼說也說不完。這是用詞不當，詞義誤用。

修改：把「罄竹難書」改為「說也說不完」或「一言難盡」。

- **病句：小明在學校操場遇見小強，他告訴他，他的媽媽要他下課後早一點回家。**

病因：這裡的「他」用了太多，會使人弄不清哪一個他是指「小明」，哪一個他是指「小強」。這是指代不明。

修改：可以把第一個「他」改成「小明」。

- **病句：校慶那天，全班同學的心情非常愉快，高興。**

病因：已有愉快，為何又有高興，所以，高興為冗詞。

修改：校慶那天，全班同學的心情非常愉快。

- **病句：教室靜悄悄的，沒有一個人，只有他在振筆疾書。**

病因：「沒有一個人，只有他在振筆疾書。」這一句有矛盾；「沒有一個人」指的是教室沒人，那「他」又是誰？

修改：教室靜悄悄的，只有他一個人在振筆疾書。

- **病句：今天清晨下了一天的雨。**

病因：把「一天」改為「一場」才對，或是將「清晨」去掉，「清晨」怎會是「一天」呢？

修改：今天清晨下了一場雨。或，今天下了一整天的雨。

● **病句：小華非常喜歡踢足球和乒乓球。**

病因：乒乓球可以用踢的嗎？

修改：小華非常喜歡踢足球和打乒乓球。

● **病句：下課後，我們把外掃區打掃得乾乾淨淨，整整齊齊。**

病因：整整齊齊為冗詞，而且外掃區不能用整整齊齊來形容。

修改：下課後，我們把外掃區打掃得乾乾淨淨。

● **病句：經過這一件事的教訓，今後我一定要改正不好的缺點。**

病因：「缺點」已是不好的，何必又有「不好的缺點」，所以「不好」為冗詞。

修改：經過這一件事的教訓，今後我一定會改正缺點。

● **病句：王小培長得不但很瘦，也精神很好。**

病因：「他長得不但很瘦，也精神很好。」為矛盾句，應將「不但」改成「雖然」，之後再將「也」改成「但」才正確。

修改：王小培長得雖然很瘦，但精神很好。

● **病句：老師講完了目蓮救母的故事後，教室裡響起了排山倒海的掌聲。**

病因：「教室裡響起了排山倒海的掌聲。」語意不對，把「排山倒海」改為「掌聲如雷」，再把「掌聲」二字刪掉。

修改：「老師講完了目蓮救母的故事後，教室裡掌聲如雷。」或「老師講完了目蓮救母的故事後，教室裡響起如雷掌聲」。

● **病句：爸爸的汽車在遼闊平坦的馬路上疾馳。**

病因：「遼闊」和「平坦」二者意義一樣，需要刪除其中之一。

修改：爸爸的汽車在平坦的馬路上疾馳。

● **病句：老師希望我們從小就能培養出遠大的理想。**

病因：「遠大的理想」語意不對，也很籠統。

修改：老師希望我們從小就能培養自己的專長。

● **病句：我讀書貪多圖快，粗枝大葉，又缺乏耐心，細心不夠，結果，進步十分緩慢。**

病因：重複累贅和用詞不當。

修改：我讀書貪多圖快，缺乏耐心又不夠細心，結果進步十分緩慢。

● **病句：儘管天氣再怎樣惡劣，但是爸爸總是堅持到醫院探望奶奶。**
病因：配搭不當。
修改：儘管天氣再怎麼惡劣，爸爸還是堅持到醫院探望奶奶。

● **病句：李大姐為了裝潢房子，節省用錢，每天都帶便當上班。**
病因：用詞不當。
修改：李大姐為了裝潢房子，所以省吃儉用，每天都帶便當上班。

● **病句：我們踏進二姊的房間，收拾好行李，便出外吃飯。**
病因：用詞不當。「收拾」意指收集整理，非本句原意，應改為「安放」或「安頓」。
修改：我們踏進二姊的房間，安頓好行李，便出外吃飯。

● **病句：考完基測，我走出試場，心裡感到十分舒服。**
病因：用詞不當。「舒服」指的是身體狀況，此處指的是心情，故用「輕鬆」較為恰當。
修改：考完基測，我走出試場，心情感到十分輕鬆。

● **病句：旱季一旦來臨，水庫便不足以應付市民的需要。**
病因：成分殘缺。市民需要的是「食用水」而不是「水庫」，故「水庫」後須加上「存水量」。

修改：旱季一旦來臨，水庫裡的存水量便不足以應付市民的需要。

- **病句：離開學校之後，我們便一起到麥當勞吃午餐。**

病因：成分殘缺。此句中「麥當勞」為餐飲店名稱，宜在後面加上「速食店」。

修改：離開學校之後，我們便一起到速食店吃午餐。

- **病句：魚缸裡的金魚們互相追逐，一見食物，便擠成一團，真是有趣極了。**

病因：成分重複。「極了」一詞刪去，因為跟「真是」重複。

修改：魚缸裡的金魚互相追逐，見到食物，便擠成一團，真是有趣。

- **病句：我一進小英家的大門，就有一隻又黑又大的大黑狗出來，嚇得我轉身就跑。**

病因：成分重複。「又黑又大」可刪去，因跟「大黑」重複了。

修改：我一進小英家的大門，就有一隻大黑狗出來，嚇得我轉身就跑。

- **病句：每逢元宵節晚上，市政府都會舉行一年一度的煙火表演。**

病因：成分多餘。「每逢」已有定期如是之意，因此宜刪去「一年一度的」。

修改：每逢元宵節晚上，市政府都會舉行煙火表演。

病句：聽到鐘聲，進入試場後，我的心更加跳得厲害。

病因：語序不合。後一句應改為「我的心跳得更加厲害」才正確。

修改：聽到鐘聲，進入試場後，我的心跳得更加厲害。

病句：黃小蓉在班上不但成績優異，也常常幫助同學。

病因：關聯錯亂。跟「不但」配合使用的，通常是「而且」，不是「也」。

修改：黃小蓉在班上不但成績優異，而且常常幫助同學。

病句：茵茵住在我樓下，所以我們常常一起到公園玩耍。

病因：關聯錯亂。前後句並無因果關係，宜刪去「所以」。

修改：茵茵住在我家樓下，我們常常一起到公園玩耍。

病句：上星期六，媽媽帶我回彰化看外婆。昨天晚上，我懷著興奮的心情，在床上輾轉反側，不能入睡。

病因：指代不明。「昨天晚上」指的是哪一晚？令人混淆，若改為「出發前一晚」，便更加清楚。

修改：上星期六，媽媽帶我回彰化看外婆。出發前一晚，我懷著興奮的心情，在床上輾轉反側，不能入睡。

- **病句：到達福隆海水浴場後，我和弟弟就在海灘玩沙、撿貝殼，玩得十分痛快。**
  病因：修辭不當。「玩沙」一詞近乎口語，改為「堆沙丘」，可與「撿貝殼」並列。
  修改：到達福隆海水浴場後，我和弟弟就在海灘堆沙丘、撿貝殼，玩得十分痛快。

- **病句：清明節那天，我跟隨父母回家鄉祭祖。**
  病因：「祭祖」改為「掃墓」更恰當。
  修改：清明節那天，我跟隨父母回家鄉掃墓。

- **病句：星期六是表姐出嫁的大日子，當晚家人在大飯店的酒樓擺酒慶祝。**
  病因：口語夾雜。「擺酒」應改「設宴」。
  修改：星期六是表姐出嫁的大日子，當晚家人在大飯店的酒樓設宴慶祝。

- **病句：考試總是痛苦的，有時也是快樂的。**
  病因：學生作文喜歡用「總是」，過於口語化，可換其他字眼。
  修改：考試難免有痛苦，有時也是快樂的。

- **病句：謝崑山因為工作需要，必須切除雙手。**
  病因：語病。為甚麼是因為工作需要必須切除雙手？

修改： 謝崑山因為工作時遭到意外傷害，失去了雙手。

● **病句：我騎腳踏車常常到學校附近的公園玩。**

病因： 語病。「常常」二字的位置不對。

修改： 我常常騎腳踏車到學校附近的公園玩。

● **病句：可能會影響你的健康，剛吃飽飯千萬不要打籃球。**

病因： 句子的前後順序顛倒。

修改： 剛吃飽飯千萬不要打籃球，不然會影響你的健康。

● **病句：不但她長得很漂亮，而且肯熱心助人。**

病因： 語病。「不但」二字宜更改位置。

修改： 她不但長得很漂亮，而且肯熱心助人。

● **病句：現在我想吃媽媽直接做的菜。**

病因： 錯用語詞。為甚麼需要用「直接」呢？

修改： 現在我很想吃媽媽做的菜。

● **病句：陳老師上課很有趣，大家都睡著了。**

病因：用詞不當，意思全相反。「很有趣」也會使人睡著？

修改：陳老師上課很無趣，大家都睡著了。

● **病句：他沒有看到你，就故意不理你了。**

病因：語病。「沒有看到你」又怎能「故意不理你」呢？

修改：他看到你，就故意不理你了。

修改：他是因為沒有看到你，不是故意不理你。

● **病句：即使有多困難，但是我不害怕。**

病因：「即使」配「但是」就很難發揮了。

修改：即使有再多的困難，我也不害怕。

● **病句：為了讓畢業旅行更能有收穫，我們先蒐集資料。**

病因：語病。「更能有」用詞不當，宜改為「能有更多」。

修改：為了讓畢業旅行能有更多收穫，我們事先蒐集資料。

● **病句：記者會上，記者提出的問題都很尖酸。**

病因：作者想表達記者的問題很犀利，應該用「尖銳」而不是「尖酸」。

修改：記者會上，記者們提出的問題都很尖銳。

● **病句：雖然這次校慶運動會的大隊接力我們失敗了，但是我們不會因此氣餒？**

病因：「雖然」、「但是」、「因此」等連接詞放在一起，句子當然不通順。

修改：雖然這次校慶運動會的大隊接力失敗了，但是我們不會氣餒。

● **病句：夏天游泳不但很涼快，更一定要注意安全。**

病因：「不但」之後用「更」來表達，句子就顯得很不流暢。

修改：夏天游泳雖然很涼快，但是一定要注意安全。

● **病句：黃伯伯雖然當選里長，可是他平日熱心助人。**

病因：「可是他平日熱心助人」是不完整的句子。

修改：黃伯伯雖然當選里長，可是他平日還是熱心助人。

● **病句：下雨天路滑，如果我穿了雨鞋，不過一定寸步難行。**

病因：「不過」二字多餘，應該刪去。

修改：下雨天路滑，如果我不穿雨鞋，一定寸步難行。

● **病句：黑幫分子為了爭地盤而起內鬨，甚至義憤填膺地互相廝殺。**

病因：用詞不當。「義憤填膺」是指為正義公理而發出的憤怒，不宜用來形容黑幫分子內鬨。

修改：黑幫分子為了爭地盤而起內鬨，甚至目眦盡裂地互相廝殺。

● **病句：消防員的義勇精神真令人匪夷所思。**

病因：用詞不當。「匪夷所思」是指非一般人所能想像得到的，帶有貶意。用在這裡不妥。

修改：消防員的義勇精神真令人佩服。

● **病句：阿俊和阿賓兩位好友誤會澄清後，終於破鏡重圓了。**

病因：用詞不當。「破鏡重圓」是指夫妻離而復合，不宜用在形容朋友之間發生的事。

修改：阿俊和阿賓兩位好友誤會澄清後，終於重修舊好了。

● **病句：自從退休後，林老師過著深入淺出的生活。**

病因：用詞不當。「深入淺出」是指將複雜、難懂的道理或想法，以簡單、容易使人瞭解的方式來表達，用來形容過著簡單生活是不妥的。

修改：自從退休後，林老師過著深居簡出的生活。

● **病句：他的作弊伎倆層出不窮，真叫人嘆為觀止。**

病因：用「嘆為觀止」來形容「作弊伎倆層出不窮」，不對。

修改：他的作弊伎倆層出不窮，真叫人眼花撩亂。

● **病句：你已經出去了很久，買到東西了嗎？**

修改：你已經出去很久了，東西買到了嗎？

病因：語病。「買到東西了嗎？」應該改為「東西買到了嗎？」才正確。

● **病句：他事情沒辦成，認錯的勇氣到底得到大家的肯定。**

病因：語病。「認錯的勇氣到底得到大家的肯定」用語錯亂；「到底」也屬多餘。

修改：他事情沒辦成，卻勇敢的認錯到底，最後還得到了大家的肯定。

● **病句：當天空烏雲密布時，告知會下一場大雷雨的意思。**

病因：句子不完整、不通順。

修改：當烏雲密布天空時，就是告知會下一場大雷雨的意思。

● **病句：他這次比賽雖然沒得到名次，還得到許多寶貴的經驗。**

病因：贅語。前句「沒得到名次」，後一句又出現「還得到」，很不順。

修改：他這次比賽雖然沒得到名次，但還是獲得許多寶貴的經驗。

●**病句：聖誕聯歡會上，小明獨唱的節目多麼動聽啊！**

病因：語病。「小明獨唱的節目」不通，可以改為「小明的獨唱」即可。

修改：聖誕聯歡會上，小明的獨唱多麼動聽啊！

●**病句：歷史博物館裡展出了兩千多年前新出土的文物。**

病因：「新」字為多餘的用字。「出土」即已表示「新」了。

修改：歷史博物館裡展出了兩千多年前的文物。

●**病句：無論是甚麼人，就要遵守法律。**

病因：「就」字不妥，應該用「都要」。

修改：無論是甚麼人，都要遵守法律。

●**病句：這道難題終於解開了，小明的眼睛露出了笑容。**

病因：用錯形容。「眼睛」雖為靈魂之窗，也不會「露出笑容」！

修改：這道難題終於解開了，小明露出了笑容。

●**病句：當老師看到陳小明偷看別人的試卷，便立即把他帶到訓導處去。**

病因：語句不通。「看到」改成「發現到」會更好。

修改：當老師發現到陳小明偷看別人的試卷，便立即把他帶到訓導處去了。

● **病句：兩年來，透過我接觸和交往，對班上的同學有了深刻的認識。**

病因：「我」字的使用位置不妥。

修改：兩年來，透過接觸和交往，我對班上的同學有了深刻的瞭解。

作文老師的叮嚀

「病句」是指不符合語言規範的句子，經常出現的病句類型有：成分殘缺、搭配不當、前後矛盾、詞序顛倒等。

學習語文必須注意，句子的基本成分是主語、謂語，有些謂語還帶著賓語，如果一句話裡缺少其中之一，就是成分殘缺。成分殘缺的句子，不但結構不完整，而且不易清楚表達意思。如：

聽了陳老師的講解之後，便恍然大悟寫好了作文的大綱。

這兩個句子都沒有主語，所以意思不清楚、不完整。是誰「聽了陳老師的講解」，然後「便恍然大悟寫好了作文的大綱」。這個句子的前面必須加上主語，「恍然大悟」也是多餘，可刪掉。成為：

我聽了陳老師的講解之後，便寫好了作文的大綱。

作文用字用詞的過程，許多學生喜歡使用成語為文；大多數的成語出自文言文之中，卻活在白話文裡，加上成語是語言中較為穩定且富於表現力的詞彙；成語中包含豐富的知識，是古代語言的活化石，運用得當，不僅可以使語言變得簡練、豐富和多彩，而且還可以使作文增色生輝。然而，濫用成語，就會適得其反的使作文呈現僵化和生冷的毛病。

HB

恢復疲勞，身體幸福，人生滿分

——病句是學生作文最常見的語文弊病

恢復疲勞，身體幸福，人生滿分——病句是學生作文最常見的語文弊病

詞語同現是一種存在於所有人類語言的普遍現象，表示詞語與詞語之間的語義與語法的特殊關係，但同時又是一種隨意性的語言現象，沒有規律可尋，容易造成學習上的困擾，因此才會有寫作「病句」的現象。

詞語同現（lexical co-occurrence）既然強調是詞語與詞語間的語義與語法的相互關係；而這種關係出現的現象十分普遍，常見於各類不同的文體；無論白話文、文言文，或是技術性、非技術性的字詞運用，比比皆是。如：

陳老師極力鼓勵同學們參加社會服務。

「鼓勵」是關鍵詞，「極力」與「鼓勵」是詞語同現，兩者同時出現，即構成一種強化的詞彙關係。除此之外，這一句話還可以有其他說法：

陳老師大力鼓勵同學們參加社會服務。

陳老師鼎力支持同學們參加社會服務。

陳老師極力支持同學們參加社會服務。

陳老師大力支持同學們參加社會服務。

「大力」與「鼓勵」、「鼎力」與「支持」、「極力」與「支持」、「大力」與「支持」同樣構成一種詞語間強化的關係。

詞語同現常會造成學習上的困擾，相對於作文的用詞技巧來說，學生寫作就容易犯下詞語同現的語病，這種語病即「病句」，如：

對於你的功課是否能夠如意完成，我不表樂觀。

「功課」是關鍵詞，不能跟「如意」同現；「完成」也不能跟「如意」同現，這個句子若能改成：「對於你的功課是否能夠如期完成，我不表樂觀。」一字之差，整個句子的意思和意義就更具完整性。

「功課」配「如期」，「如期」配「完成」是美妙的詞語同現；如若保留「如意」，那就必須是用在「人生」或「婚禮」才能完美呈現有力的詞語同現的句型。

與名詞有關的病句

- **病句：他是一個值得嫌疑的對象。**
  病因：把名詞「嫌疑」用做動詞。
  修改：他是一個嫌疑最大的對象。

- **病句：棒球歷來是台灣比較優勢的運動項目。**
  病因：把名詞「優勢」當做形容詞用。把「比較」改為「較有」。
  修改：棒球歷來是台灣較有優勢的運動項目。

- **病句：我還從來沒對哪位藝人這麼好感過。**
  病因：把名詞「好感」當做形容詞用。「好感過」改為「有好感」更貼切。
  修改：我還從來沒對哪位藝人這麼有好感。

- **病句：他有直覺對方在撒謊。**

病因：把名詞「直覺」當做動詞用。

修改：他直覺對方在撒謊。

修改：他憑直覺斷定對方在撒謊。

● **病句：這些往事已是相當古早的事情了。**

病因：把名詞「古早」當做形容詞用。「古早」改為「久遠」更好。

修改：這些往事已是相當久遠的事情了。

與動詞有關的病句

● **病句：東南亞大海嘯喪生二十多萬人。**

病因：「喪生」是不及物動詞，不能帶賓語。改為「有二十多萬人喪生」更好。

修改：東南亞大海嘯有二十多萬人喪生。

● **病句：最近他定稿了一部電影劇本。**

病因：「定稿」是不及物動詞，不能帶賓語。

修改：最近他有一部電影劇本定稿了。

● **病句：畫家在作畫中特別善於對小道具的運用。**

病因：「善於」不能帶名詞性賓語。改為「運用小道具」更好。

修改：畫家在作畫中特別善於運用小道具。

● **病句：由於學校不重視防火，防火設備又很老舊，因此潛在著更大的危險。**

病因：「潛在」是形容詞，不能帶賓語。把「潛在」改為「潛藏」更好。

修改：由於學校不重視防火，防火設備又很老舊，因此潛藏著更大的危險。

● **病句：前來台灣觀光的大陸遊客，無不美稱花蓮是人間仙境。**

病因：「美稱」是名詞，不能帶賓語。把「美稱」改為「讚歎」更好。

修改：前來台灣觀光的大陸遊客，無不讚歎花蓮是人間仙境。

與形容詞有關的病句

● **病句：李博文對工作很戰戰兢兢，特別能吃苦耐勞。**

病因：刪掉贅字「很」。

修改：李博文對工作戰戰兢兢，特別能吃苦耐勞。

● **病句：全班同學的心裡都非常熱乎乎的。**

病因：刪掉贅詞「非常」。

修改：全班同學的心裡都熱乎乎的。

● **病句：這裡住的都是一些極普普通通的人，他們樸實而又善良。**

病因：刪掉贅字「極」。

修改：這裡住的都是一些普通的人，他們樸實而又善良。

● **病句：赤道地區酷熱得很，素有無風帶之稱。**

病因：刪掉贅詞「得很」。再在「酷熱」前面加「天氣」。

修改：赤道地區的天氣酷熱，素有無風帶之稱。

● **病句：但是，遺憾得很，我們至今還極其罕見這樣的創作問世。**

病因：把「我們至今還極其罕見這樣的創作問世」改為「這樣的創作至今還極其罕見」。

修改：但是，遺憾得很，這樣的創作至今還極其罕見。

與助動詞有關的病句

- **病句：你現在要是在我身邊，應該有多好啊！**
  病因：把「應該」改為「該」。
  修改：你現在要是在我身邊，該有多好啊！

- **病句：我實在有事脫不開身，不可以過去了。**
  病因：把「可以」改為「能」。
  修改：我實在有事脫不開身，不能過去了。

- **病句：魯智深的力量大到會倒拔垂楊柳。**
  病因：把「會」改為「能」。「會」表示學而後能，不需要學的，只能用「能」，不能用「會」。
  修改：魯智深的力量大到能倒拔垂楊柳。

- **病句：你看這天氣能夠不能夠下雨？**
  病因：把「能夠」改為「會」。
  修改：你看這天氣會不會下雨？

● **病句：這個問題實在值得我們的深思。**
病因：刪掉「的」。
修改：這個問題實在值得我們深思。

與數詞有關的病句

● **病句：八百多人，幾千隻手臂，就這樣和暴風雨搏鬥了一天一夜。**
病因：把「幾千」改為「上千」。
修改：八百多人，上千隻手臂，就這樣和暴風雨搏鬥了一天一夜。

● **病句：用科學方法飼養一頭豬，時間縮短一半，飼料成本減少一倍。**
病因：把「一倍」改為「一半」。
修改：用科學方法飼養一頭豬，時間縮短一半，飼料成本也減少一半。

● **病句：蕭老師他今年幾歲了？**
病因：把「幾歲」改為「多大歲數」。
修改：蕭老師今年多大歲數了？

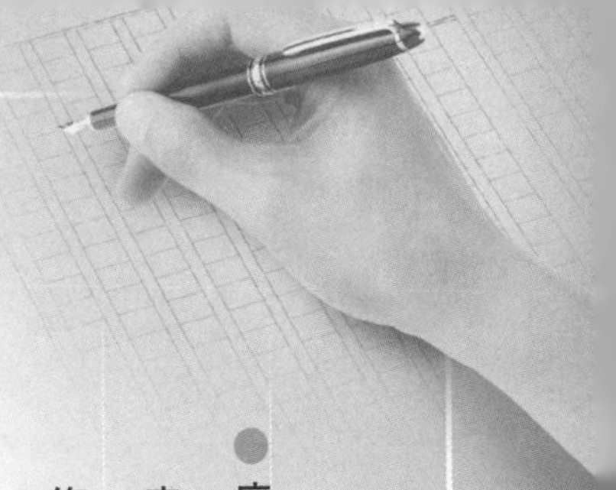

● **病句：他帶著一顆移植的心臟，已經活過第十個年頭了。**

病因：把「第十個年頭」改為「十年」。

修改：他帶著一顆移植的心臟，已經活過十年了。

與量詞有關的病句

● **病句：他在畫裡畫了兩匹驢。**

病因：把「匹」改為「頭」或「條」。

修改：他在畫裡畫了兩頭驢。

● **病句：他昨天買了一對皮鞋。**

病因：把「對」改為「雙」。「對」是方言說法。

修改：他昨天買了一雙皮鞋。

● **病句：這架車是新型跑車。**

病因：把「架」改為「輛」。「架」是方言說法。

修改：這輛車是新型跑車。

- **病句：他家裡養了三隻豬。**
病因：把「隻」改為「口」或「頭」。「隻」是方言說法。
修改：他家裡養了三頭豬。

- **病句：有點情況到現在還沒搞清楚。**
病因：把「點」改為「些」。
修改：有些情況到現在還沒搞清楚。

與代名詞有關的病句

- **病句：他知道敵人如果真正得到了他們的名單，便不會再和他這麼費勁了，正因為他不知道，所以他說「知道了」。**
病因：把第二個「他」改為「敵人」。把最後的「他」改為「才」。
修改：他知道敵人如果真正得到了他們的名單，便不會再和敵人這麼費勁了，正因為他不知道，所以才說「知道了」。

- **病句：我跟弟弟的年齡，其實只差三分鐘——我們倆是雙胞胎。我叫子安，他叫子心。咱倆**

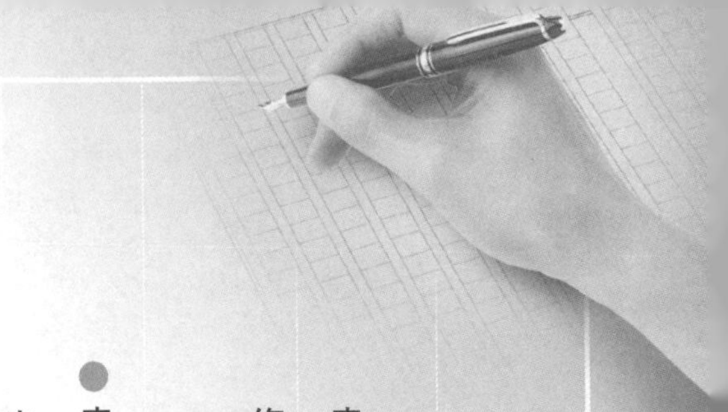

的模樣，簡直叫人難以辨識。

病因：把「咱」改為「我」。

修改：我跟弟弟的年齡，其實只差三分鐘——我們倆是雙胞胎。我叫子安，他叫子心。我倆的模樣，簡直叫人難以辨識。

- **病句：這樣好事上哪兒找去？**

病因：在「樣」後面加「的」。

修改：這樣的好事上哪兒找去？

- **病句：現將我的拙作寄上，敬請老師指正。**

病因：刪掉「我的」。

修改：現將拙作寄上，敬請老師指正。

- **病句：小張自幼跟家父學圍棋，十幾歲便已成名。**

病因：把「家父」改為「父親」。「家父」係指自己的父親。

修改：小張自幼跟父親學圍棋，十幾歲便已成名。

與副詞有關的病句

● **病句：當你身處逆境時，難免不有朋友會離你遠去，你要有心理準備。**
病因：刪掉「不」。
修改：當你身處逆境時，難免有朋友會離你遠去，你要有心理準備。

● **病句：下半年還會有多款轎車投入市場，但沒有出現價格大戰。**
病因：把「沒有」改成「不會」。
修改：下半年還會有多款轎車投入市場，但不會出現價格大戰。

● **病句：周柏諺故意低著頭，讓我們不看到。**
病因：把「不」挪到「看」之後。
修改：周柏諺故意低著頭，讓我們看不到。

● **病句：首先把訓練要盡快地恢復起來才行。**
病因：把「要」挪到「把」之前。
修改：首先要把訓練盡快地恢復起來才行。

● **病句：這是台灣人一百多年來流血奮鬥得來的真理，不能絲毫動搖。**

病因：把「不能絲毫」改為「絲毫不能」。「絲毫」只用於否定式。

修改：這是台灣人一百多年來流血奮鬥得來的真理，絲毫不能動搖。

與介詞有關的病句

● **病句：這些手稿可以幫助我們瞭解這幾位作家的生平，以及他們的作品對文學史上的貢獻。**

病因：把「對」改為「在」。

修改：這些手稿可以幫助我們瞭解這幾位作家的生平，以及他們的作品在文學史上的貢獻。

● **病句：王俊翔被對方的球員撞倒，許久沒爬得起來。**

病因：刪掉後一個「得」。

修改：王俊翔被對方的球員撞倒，許久沒爬起來。

● **病句：皓月當空，站在高處，看得更遠。**

病因：刪掉「得」，在「看」前加「能」。

修改：皓月當空，站在高處，能看更遠。

病句：各專業的工程技術人員對高鐵行駛前，進行最後的檢查和操作，隨即撤離現場，滿懷信心地等待著出發時刻的到來。

病因：把「對高鐵行駛前」改為「對行駛前的高鐵」。

修改：各專業的工程技術人員對行駛前的高鐵，進行最後的檢查和操作，隨即撤離現場，滿懷信心地等待著出發時刻的到來。

病句：學校董事會剛剛做出最後決定，把你換個新的工作。

病因：把「把」改為「給」。

修改：學校董事會剛剛做出最後決定，給你換個新的工作。

與連詞有關的病句

病句：連她自己也猶豫了，是繼續留在這兒，或者立即跟他回去？

病因：把「或者」改為「還是」。

修改：連她自己也猶豫了，是繼續留在這兒，還是立即跟他回去？

病句：任憑我們的成績名列前茅，也不能驕傲。

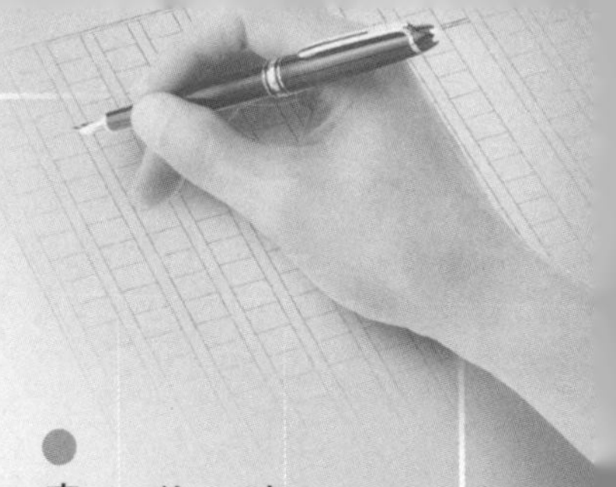

病因：把「任憑」改為「即使」。

修改：即使我們的成績名列前茅，也不能驕傲。

- **病句：因為不讓我參加比賽，那就是瞧不起我。**

病因：把「因為」改為「既然」或「如果」。

修改：如果不讓我參加比賽，那就是瞧不起我。

- **病句：我們談了好多事：父母身體怎麼樣，姐姐有沒有男朋友，及同學的近況等。**

病因：在「及」前加「以」字。

修改：我們談了好多事：父母身體怎麼樣，姐姐有沒有男朋友，以及同學的近況等。

- **病句：他體型雖然瘦高，但體重卻只有四十公斤。**

病因：刪掉「雖然」、「但」、「卻」。

修改：他體型瘦高，體重只有四十公斤。

與助詞有關的病句

● **病句：王柏均很認真鑽研史書，批判地總結前人的經驗。**

病因：在「認真」後面加「地」。

修改：王柏均很認真地鑽研史書，批判地總結前人的經驗。

● **病句：這幾位都是我的日本的朋友。**

病因：去掉第一個「的」。

修改：這幾位都是我日本的朋友。

● **病句：只要作文有所新意，且能自圓其說，成績一定不錯。**

病因：刪掉「所」。

修改：只要作文有新意，且能自圓其說，成績一定不錯。

● **病句：你這麼努力做，到底圖得是什麼？**

病因：把「得」換成「的」。

修改：你這麼努力做，到底圖的是什麼？

● **病句：我點了一杯新的鮮熱牛奶。**

病因：把「的」字移在「新鮮」之後。
修改：我點了一杯新鮮的熱牛奶。

句子要合情合理

作文造句時，要做到句子結構正確，用詞恰當，句意合乎情理，病句就會減少，以下是作文造句時最容易誤用的句法。

誤用關聯詞語

句子和句子之間是否需要關聯詞語，應用哪一組關聯詞語或放在甚麼位置，都有一定的規則，關聯詞語的正確使用，係根據句子的意思和情況而定，如：

爸爸不是很忙，就是要參加學校的家長會。

「不是……就是……」是有選擇的關係，與句子的意思並不符合。因此，應改用轉折關係的關聯詞語，亦即「雖然……但是……」。

這個句子可修改為：

雖然爸爸很忙，但是也要參加學校的家長會。

再如：

雖然風景很漂亮，但是我不禁多拍了幾張照片。

關聯詞語應用錯誤，「雖然……但是……」改成「因為……所以……」。句子就成為：

因為風景很漂亮，所以我不禁多拍了幾張照片。

用詞重複

我申請長假的原因，是因為爺爺病了，我要照顧他。

「原因」和「因為」意思重複，應刪去「的原因」或「因為」。全句可改為：

我申請長假，是因為爺爺病了，我要照顧他。
我申請長假的原因，是爺爺病了，我要照顧他。

再如：

他在學習方面，向來沒有目標和漫無目的。

用詞重複，應該刪除「沒有目標」或「漫無目的」。句子可以改成：

他在學習方面，向來沒有目標。

他在學習方面，向來漫無目的。

詞語搭配不當

在韓國，二十歲的青年都要在成人節上建設成人宣言。

「建設……宣言」，搭配不當，應該改為「發表……宣言……」。全句為：

在韓國，二十歲的青年都要在成人節上發表成人宣言。

句意矛盾

在伸手不見五指的夜裡，我看見地上有一個錢包。

在伸手不見五指的夜裡，是不可能看到錢包的，這一句可改成：

昨晚，我看見地上有一個錢包。

再如：

這個星期每天都下雨，只有星期二是晴天。

文句語意前後矛盾，既然前面說明「每天都下雨」，後面還出現「只有星期二是晴天」，這種前後矛盾的句意，經常出現在許多學生的作文簿裡；這一句可改為：

除了星期二，這個星期幾乎每天都下雨。

作文老師的叮嚀

「病句」是學生作文最常見的語文弊病，不少教育專家認為漢字的結構意義，以形、音、義為主，只要理解漢字形、音、義之間的關係，寫出錯別字和病句的機會就相對減少。

這樣的見解是不是有它的道理，見仁見智。過去的年代，學習漢字的唯一方法是死記死背、重複抄寫生字，這種土方法雖然不盡然能使人完全瞭解形、音、義之間的關係，但至少會減低錯別字和病句的發生。

今日的語文教學側重發掘問題、瞭解問題、發展多元智能，許多家長也跟隨潮流，反對學生重複抄寫生字，學生們當然高興，因為重複抄寫生字十分沉悶、無趣。但是，對於邏輯推理能力尚未發展成熟的學生而言，單單要他們從形、音、義來牢記每個漢字的意義與功能，並用來造句，絕對不是件容易的事。如：「恢復疲勞，身體幸福」即是病句，疲勞經過恢復那就更疲勞了，應該寫成「消除疲勞」或「減輕疲勞」才對。而「身體幸福」更「瞎」，身體是要健康、強壯，而不是幸福，因此，要寫成「身體健康」才正確。

學習語文、認識語文，有效的方法便是拿起書本，多讀、多看、多記、多留意，即使是看武俠小說或愛情小說等課外讀物也可以。這樣，學生不僅能從閱讀的記憶中，去發現和改正錯別字和病句，語文能力也必定會大大提升。

只要坐言起行，徹底實踐，錯別字和病句便會漸漸離去。

HB

夫文心者，言為文之用心也

——句子與寫作

夫文心者，言爲文之用心也——句子與寫作

寫作的技巧與方法，古今中外的作家、學者都會各執己見，公說公有理，婆說婆有理，議論紛紛之餘，難免使人無所適從，然而，去異存同下，必然發現寫文章首重傳心，再來才是傳情達意了。一句使人讀來感到深刻動心的話，便可能讓整篇文章生動、活現了起來。

二次大戰期間，擔任遠東地區統帥的美國麥克阿瑟將軍，他撰寫的〈為子祈禱文〉這一篇短文裡的每一句話，就是傳心之作；麥克阿瑟在這篇文章中，期勉自己的兒子能夠堅強而不軟弱，勇敢而不畏懼，在失敗的逆境中能夠自豪而不屈，在成功的喜悅中能謙遜而溫和，務實且自知進退。讀起來句句感動人心：

主啊！求祢塑造我的兒子，使他夠堅強到能認識自己的軟弱；夠勇敢到能面對懼怕；在誠實的失敗中，毫不氣餒；在勝利中，仍保持謙遜溫和。

懇求塑造我的兒子，不致空有幻想而缺乏行動；引導他認識祢，同時又知道，認識自己乃是真

知識的基石。

我祈禱，願祢引導他不求安逸、舒適，相反的，經過壓力、艱難和挑戰，學習在風暴中挺身站立，學會憐恤那些在重壓之下失敗的人。

求祢塑造我的兒子，心地清潔，目標遠大；使他在指揮別人之前，先懂得駕馭自己；永不忘記過去的教訓，又能伸展未來的理想。

當他擁有以上的一切，我還要祈求，賜他足夠的幽默感，使他能認真嚴肅，卻不致過分苛求自己。

懇求賜他謙卑，使他永遠記牢，真偉大中的平凡，真智慧中的開明，真勇敢中的溫柔。如此，我這做父親的，才敢低聲說：「我沒有虛度此生。」

出生中國南北朝劉宋到梁朝的劉勰，在他被後人認定為中國最早的一部文學理論，以及文學批評的鉅著《文心雕龍》章句篇裡便說過：「夫人之立言，因字而生句。」由此可見，單字是遣詞造句最基本之要素。他又在〈序志〉篇裡說：「夫文心者，言為文之用心也。」在他看來，為文用心，實為寫作論文的根本。

文與心的關係，名二而實一，心由文而顯，文因心而成。他寫作《文心雕龍》，著眼在文心二字，認為「文果載心，餘心有寄。」寫作時全心寄託在作品裡，文章豈有不成佳構的道理！

雖說心無形、無相、無邊，微妙又隱密，而另一方面，文字語言又有限、有法、有名，以心傳字、傳情、傳意，又如何做得了呢？這也難怪晉朝的陸機會在他的著作《文賦》裡表示：「有文不逮意之歎。」

以有形的文字傳達無限的心意，以無限的心情傳達有形的文意，麥克阿瑟在他的〈為子祈禱文〉裡展露無遺；這一篇文章的文字不長，卻因為作者以真心寫作，希望能藉由少許的文字傳達深遠的信念和祈願，他做到了如劉勰所說：「夫文心者，言為文之用心也。」所以才會使這一篇短文的每一句話傳達出豪氣干雲的信念，以及豪情萬丈的胸襟，並成為後人引為典範的「經典名言」，傳誦至今，歷久彌芳。

古人說：「文心之細，細如牛毛。」寫作為文，會心、會意，用心、用情，文由心出，再加心意思索、修改，作文自然有所成。

再來看以下這篇題名〈用生命澆樹〉的短文，雖是勵志性短文，簡明的文句裡，句子的結構和其關係的轉換，誠懇的傳遞了一個清晰、明確的概念和特定的意義。

有個小男孩認為自己是全世界最不幸的小孩，因為罹患脊髓灰質炎而留下瘸腿，以及參差不齊的牙齒，他很少跟同學遊戲或玩耍，老師叫他回答問題時，總是低著頭不發一語。

在一個雲淡風輕的春日，小男孩的父親從鄰居家討了些樹苗，想把它們栽種在屋前，父親叫他的孩子們每人栽植一棵。父親對孩子們說，誰栽的樹苗長得最好，就給誰買一件他最喜歡的禮物。

小男孩很想得到父親的禮物，但看著兄弟姐妹蹦蹦跳跳提水澆樹的身影，他卻萌生出一種陰冷的想法：希望自己種的那棵樹早日死去。因此，澆過一兩次水之後，他再也沒去理它。

幾天後，當小男孩再去看他種的那棵樹時，驚奇地發現它不僅沒有枯萎，而且還長出了幾片新葉，跟兄弟姐妹們所種的樹相比，他種的那棵樹顯得更嫩綠，更有生氣。

後來，父親兌現了他的諾言，為小男孩買了一件他最喜愛的禮物，並對他說：「從你栽植的樹來看，將來長大後，你一定能成為一名出色的植物學家。」自此以後，小男孩慢慢地變得樂觀向上了起來。

一天晚上，小男孩躺在床上輾轉難眠，看著窗外明亮皎潔的月光，忽然想起生物老師曾說過的話：「植物大都在晚上生長。」

「何不去看看自己種的那棵小樹？」當他慢條斯理的來到庭院時，卻看見父親正親手用勺子向著自己栽種的那棵樹潑灑著些不知名的東西。剎時，他明白了一切，原來父親一直在暗地裡幫自己栽種的那棵小樹施肥！

他返回房間，任憑淚水肆意地奔流。

幾十年過去了，瘸腿的小男孩儘管沒有成為一名植物學家，後來卻當選為美國總統，他的名字叫富蘭克林．羅斯福。

作文老師的叮嚀

作文中有所謂的短句和短文寫作訓練，這種片段式的寫作，是指如何將許多句子組合成一篇短文，這種短句短文的寫作訓練，可以磨練寫作者表現出生活中某一個具特色的片面訊息、說明事物的某一個要點，或者談論對某事某現象的重點看法。

短句和短文的寫作表面上看來似乎容易，實際卻十分困難，但訓練寫作短句和短文對於未來寫作長文章的幫助就大了。自我訓練寫作短句短文的方向如下：

1.描述性訓練：選擇景物的某個方面、擷取生活中的某個小點或片段，進行扼要的敘述和描繪，文字簡約，按造句的原則，使句子有語意、有組織、有故事。

2.說明性訓練：就事物的某個方面做介紹。

3.議論性訓練：就某件事、某篇文章、某本書、某部電影，談論個人看法，文字不求多，只求精密，並清楚表達。

短句短文的寫作訓練，無非是要讓學習句子寫作的人，練習主導思想，從局部著眼，抓住生活中的各種細節，反映某些生活的片段，進而培養學生的眼力和手力，亦即培養學生的觀察力、想像力，再施以寫人記事為初級，以狀物說明為中級，以敘述議論為末級；最後讓他們以生動活潑的文字，寫下所見所聞、所思所想，並自我訓練修改自己作品的順暢度與完整性。

每個人都是自己命運的建築師

——名句賞析

每個人都是自己命運的建築師——名句賞析

第二次世界大戰時，英國首相邱吉爾向議會發表演說：「我們將在海上作戰；我們將在空中作戰；我們將在陸地作戰；我們將在街頭作戰……」在戰況情勢危急時，邱吉爾的這番話具有鼓舞民心士氣，增加作戰信心的效用。他所使用的排列句型「我們……，我們……，我們……」都深具特殊性和獨特性。

同樣的，作文運用相同的句型，連續排列，讓句子增加力量，來鼓舞、說服讀者，也是一種引人注目的寫作方式。孟子曾說過：「富貴不能淫，貧賤不能移，威武不能屈，此之謂大丈夫也。」又說：「無惻隱之心非人也；無羞惡之心非人也；無辭讓之心非人也；無是非之心非人也。」這種句型相似，並排而立的修辭句子，讀起來特別有力，也容易說服別人。

由於修辭學的生成與發展，使得類似句法廣受引用，如：「一日之計在於晨，一年之計在於春，一生之計在於勤。」、「努力使我們功課進步；努力使我們知識豐富；努力使我們得到成功。」、「小雨在空中遊戲，小雨在屋頂唱歌，小雨在窗邊跳舞。」、「春天是暖風煦煦的季節，春天是百花盛開的季節，春天是郊遊踏青的季節。」等都成為後來的名句。

作文時引用名句佳言來做為引言或輔助作者的立意，是作文老師教學時經常提起的寫作要領之一；必要時，一篇作文裡頭，如果能引用一兩句古人或現代名人說過的話，對於彰顯文章的內容意義，的確有意想不到的效果。用在文章的開頭有導引作用，用在文章的中間有豐富內容的效能，用在文章的結尾有壓軸的功能。

總之，使用名人名句和使用成語、諺語一樣，用得巧妙如神來之筆，使人讀來心桀不已；錯置運用反而破壞文意，效果特色便無法完美呈現。

名人名言名句實例

近代作家名句：

- 每個人都是自己命運的建築師。（王鼎鈞）
- 所有的悲傷，總會留下一絲歡樂的線索；所有的遺憾，總會留下一處完美的角落。（幾米）
- 喜歡一個人是種感覺，不喜歡一個人卻是事實。事實容易解釋，感覺卻難以言喻。（小

說）

● 說出來會被嘲笑的夢想才有實踐的價值，即使跌倒了，姿勢也要很豪邁。（九把刀）

● 你永遠不懂我傷悲，像白天不懂夜的黑。（歌名：白天不懂夜的黑）

● 生命的美不在它的絢麗，而在它的平和；生命的動人不在它的激情，而在它的平靜。（杏林子）

● 任何一個真實的文明人都會不自覺地在心裡上過著多種年齡相重疊的生活。沒有這種重疊，生命就會失去彈性，很容易風乾和脆折。（余秋雨）

● 選擇力來自欣賞力。你欣賞哪一類的工作，決定你的前程和生活層次。你欣賞哪一類的娛樂，決定你的苦樂、安危和生活的格調。（羅蘭）

● 把失敗的事當做看戲，把成功的事當做演戲，人生自然叫好也叫座。（楊啟宗）

● 人之成德立業，端看少年能立志與否。（印光大師）

● 任何事都是從一個決心，一個種子開始。（證嚴法師）

● 我的日子滴在時間的流裡，沒有聲音，也沒有影子。（朱自清）

● 時間可以造就人格，可以成就事業，也可以儲積功德。（證嚴法師）

● 一個人在世間做了多少事，就等於壽命有多長。因此，必須與時日競爭，切莫使時日空過。（證嚴法師）

● 爭，只能「為善競爭」、「與時日競爭」——一旦它的對象從自我投射到別人身上的時候，它就成為一個很不安的字，一件很痛苦的事了。（證嚴法師）

● 一般人常說：要爭這口氣。其實真正有功夫的人，是把這口氣嚥下去。（證嚴法師）

● 培養好自己的氣質，不要爭面子；爭來的是假的，養來的才是真的。（證嚴法師）

● 生命像一件襯衫，當你發現它髒了、破了的時候，你就可以脫下來洗滌，把它再補好。（嚴文井）

● 人都是在原諒自己的那一分鐘開始懈怠。（證嚴法師）

● 時間的巨輪總會輾過最崎嶇的日子，只要你不驚惶，就會發現任何苦難都承受得住。（杏林子）

● 人常在甚麼都可以自由自在的時候，被這種隨心所欲的自由蒙蔽，虛擲時光而毫無覺知。（證嚴法師）

● 人生最苦的事，莫若身上背著一種未了的責任。（梁啟超）

● 處處盡責任，便處處快樂；時時盡責任，便時時快樂。（梁啟超）

● 只要守本分，就有本事。（證嚴法師）

● 人生需知道有負責任的苦處；才能知道有盡責任的樂處。（梁啟超）

● 生活的悲苦彷彿檸檬的酸，幽默的態度則是蜂蜜，使最酸的檸檬汁也有著美好的滋味。（林

清玄）

●生活需要經過嚴格的淬煉，才能展現它耀眼的光華和純美的質地。（陳幸蕙）

●人生在世，中年以前不要怕，中年以後不要悔。（王鼎鈞）

●人生是故事的創造與遺忘。（無名氏）

●生命就像一條河，而生活就像河水，河水如果沒有流動，生命就會污濁。（楊啟宗）

●剛硬的磚塊，還沒有經過火煉之前，原是軟土。（楊啟宗）

●如果能把這些對生命的驚覺收藏起來，堆積起來，我們很可領悟，做生命的旅人，就是做自己的主人；而旅程，更是一部生命的相機。（陳銘磻）

●山谷的最低點，正是山的起點。許多走進山谷的人之所以走不出來，正是他們停住雙腳，蹲在山谷煩惱哭泣的緣故。（林清玄）

●人生的旅途很遠，也很暗，然而不要怕，不怕的人的面前才有路。（魯迅）

●改造自己，總比禁止別人來得難。（魯迅）

●身為一個人，要是不經歷過人世上的悲歡離合，不跟生活打過交手仗，就不可能懂得人生的意義。（楊朔）

●與其皺著眉頭送人一件貴重禮品，不如面帶笑容送人一件小禮物。（無名氏）

●我從多話的人學到靜默，從偏狹的人學到了寬容，從殘忍的人學到了仁愛。（無名氏）

古代名人名句：

- 讀萬卷書，行萬里路。（顧炎武）
- 讀書破萬卷，下筆如有神。（杜甫）
- 學業才識不日進，則日退。（左宗棠）
- 玉不琢，不成器；人不學，不知道。（禮記 學記）
- 士大夫三日不讀書，則義理不交於胸中，言語無味，面目可憎。（黃庭堅）
- 無一事而不學，無一時而不學，無一處而不學。（朱熹）
- 學問之道無窮，而總以有恆為主。（曾國藩）
- 求學好像種樹，春天開花，秋天結果。（晉書）
- 謀事在人，成事在天。（諸葛亮）
- 莫問收穫，但問耕耘。（曾國藩）
- 志於道，據於德，依於仁，游於藝。（孔子）
- 士人第一要「有志」，第二要「有識」，第三要「有恆」。（曾國藩）
- 志之所趨，無遠弗屆，窮山距海，不能限也；志之所向，無堅不入，銳甲精兵，不能禦也。（陳伯汝）
- 古之立大事者，不唯有超世之才，必有堅忍不拔之志。（蘇軾）

● 逝者如斯夫，不舍晝夜。（孔子）

● 難得糊塗。（鄭板橋）

● 天可補，海可填，南山可移，日月既往，不可復追，其過如馳，其去如矢，雖有大智大勇，莫可奈何光陰之遷流，如此其可畏也，人固可暇逸哉。（曾國藩）

● 莫等閒，白了少年頭，空悲切。（岳飛）

● 君子素其位而行。（中庸）

● 君子贈人以言，庶人贈人以財。（荀況）

● 古之君子如抱美玉而深藏不市，後之人則以石為玉而又炫之也。（朱熹）

● 君子不鏡於水，而鏡於人。鏡於水，見面之容，鏡於人，則知吉與凶。（墨翟）

● 勿以惡小而為之，勿以善小而不為。惟賢惟德，能服於人。（劉備）

● 性痴，則其志凝；故書痴者文必工，藝痴者技必良。世之落拓而無成者，皆自謂不痴者也。（蒲松齡）

● 夫君子之行，靜以修身，儉以養德，非澹泊無以明志，非寧靜無以致遠。（諸葛亮）

● 古之立大事者，不唯有超世之才，亦必有堅忍不拔之志。（蘇軾）

● 少而好學，如日出之陽；壯而好學，如日中之光；老而好學，如秉燭之明。（劉向）

● 騏驥一躍，不能十步；駑馬十駕，功在不舍；鍥而舍之，朽木不折；鍥而不捨，金石可鏤。

（荀況）

● 上窮碧落下黃泉。（白居易）

● 腹中書萬卷，身外酒千杯。（杜牧）

● 多情只有春庭月，猶為離人照落花。（張泌）

● 一行書信千行淚，寒到君邊衣到無？（陳玉蘭）

● 一將功成萬骨枯！（曹松）

● 是非成敗轉成空，青山依舊在，幾度夕陽紅。（李煜）

● 春有百花秋有月，夏有涼風冬有雪；若無閒事掛心頭，便是人間好時節。（無門和尚）

● 人生自是有情痴，此恨不關風與月。（歐陽修）

● 直須看盡落城花，始共東風容易別。（歐陽修）

● 雲破月來花弄影。（張先）

● 斷鐘殘角，又送黃昏，奈心中事，眼中淚，意中人？（張先）

● 多情自古傷離別，更哪堪、冷落清秋節。（柳永）

● 春色三分，二分塵土，一分流水。細看來不是楊花，點點是：離人淚。（蘇軾）

● 春宵一刻值千金。（蘇軾）

● 回手向來蕭瑟處，歸去，也無風雨也無晴。（蘇軾）

● 我欲乘風歸去，又恐瓊樓玉宇，高處不勝寒。（蘇軾）

● 人有悲歡離合，月有陰晴圓缺，此事古難全。但願人長久，千里共嬋娟。（蘇軾）

● 大江東去，浪淘盡，千古風流人物。（蘇軾）

● 故國神遊，多情應笑我，早生華髮。人間如夢，一尊還酹江月。（蘇軾）

● 枝上柳綿吹又少，天涯何處無芳草！（蘇軾）

● 笑漸不聞聲漸悄，多情卻被無情惱。（蘇軾）

● 春色惱人眠不得，月移花影上欄杆。（王安石）

● 當年不肯嫁春風，無端卻被西風誤。（賀鑄）

● 一種相思，兩處閒愁。此情無計可消除，才下眉頭，卻上心頭。（李清照）

● 物是人非事事休，欲語淚先流。（李清照）

● 少年不識愁滋味，愛上層樓，愛上層樓，為賦新詞強說愁。（辛棄疾）

● 古今多少事，都付笑談中。（楊慎）

● 落花不是無情物，化作春泥更護花。（龔自珍）

● 一卷離騷一卷經，十年心事十年燈。（吳藻）

● 人到情多情轉薄，而今真個不多情。（納蘭性德）

● 儂今葬花人笑痴，他年葬儂知是誰？（曹雪芹）

西洋名人名句：

- 只有用心才能看得清。實質性的東西，用眼睛是看不見的。（小王子）
- 語言是一切錯誤的開始。（小王子）
- 魚說：你看不見我的淚水，因為我在水中；水說：我可以感覺得到你的淚水，因為你在我心中。（村上春樹）
- 掃地，掃地，勤掃地；心地不掃空掃地。（沙迪亞・賽沓沓）
- 若想要感覺安全無虞，去做本來就會做的事；若想要真正成長，那就要挑戰能力的極限。（馬克吐溫）
- 快樂的秘訣是喜歡你做的，而不是做你喜歡的。（詹姆士）
- 一種習慣養成後，就再也無法改變過來。（柏拉圖）
- 認識自己才是一切知識的基礎。（麥克阿瑟）
- 我們常依自己的才能來判斷自己，別人卻是依你所表現的來判斷你。（英諺語）
- 生活就是變化，變化就是累積經驗。（柏格林）
- 人生如同四弦琴，其中一根弦斷了，其餘的三根仍然可以繼續彈下去。（福斯代克）
- 生命有如鐵砧，愈被敲打，愈能發出生命的火花。（伽利略）
- 天空沒有翅膀的痕跡，但我已飛過。（泰戈爾）

- 我們處在甚麼地方沒有關係，最重要的是我們正朝著甚麼方向移動。（和謨茲）
- 志氣需要不斷的注意與教育，否則它將枯萎而死。（馬爾騰）
- 今天是人生唯一生存的時間。（富蘭克林）
- 過去的已經過去了，不會再回來。智慧高超的人，會把握現在，開創未來，而不會留戀難以追回的過去。（培根）
- 一小時專注的工作，勝過幾年恍惚的生活。（何莉牧師）
- 一切與生俱來的天然贈品，時間最為寶貴。（愛因斯坦）
- 當許多人在路上徘徊不前時，他們不得不讓開一條大路，讓那些珍惜時間的人趕到他們的前面去。（蘇格拉底）
- 若想時間充裕，只能在如何利用時間上下功夫，因為時間對任何人都是一樣的。想要有足夠的時間，關鍵在自己能否抓緊它，並且有效地利用它。（赤根祥一）
- 因循怠惰，是一條捆住手腳的繩子。（甘績瑞）
- 人生是一簇叢林，裡面長滿了刺。我想唯一減輕苦痛的方法，就是快些穿越過去。遇到苦難時，停留得愈久，所承受的痛苦愈深。（伏爾泰）
- 人們沒有哭，便不會有笑。小孩一生下來，便有哭的本領，後來才學會笑。所以一個人不先瞭解悲哀，便不會瞭解快樂。（巴肯）

● 人生並不如想像的那麼美麗，也不如想像的那麼醜陋。（莫泊桑）

● 我們生活在事業中，不是生活在歲月裡；生活在思想中，不是生活在氣息裡；生活在感覺中，不是生活在鐘錶的數字上。（貝利）

● 人生的痛苦與歡樂，猶如光明與黑暗互相交替；只有知道怎樣去適應它們，並能在痛苦中看出希望，才懂得如何去生活。（斯特恩）

● 兩個人同時向窗外看；一個人看到污泥，一個人看到星星。（蘭布里治）

● 你若要喜愛你自己的價值，你就得給世界創造價值。（歌德）

● 時間會刺破青春表面的彩飾，會在美人的額上掘深溝淺槽；會吃掉稀世之寶！天生麗質，甚麼都逃不過它那橫掃的鐮刀。（莎士比亞）

● 如果我們想交朋友，就要先為別人做些事——那些需要花時間、體力、體貼、奉獻才能做到的事。（卡內基）

● 原諒敵人要比原諒朋友容易。（狄爾治夫人）

● 兩個人交談，一個人可以洗耳恭聽。但是，三個人則無法互談這人世最嚴肅而應深究的事。（愛默生）

● 對人不尊敬，首先就是對自己的不尊敬。（惠特曼）

● 一個人的真正偉大之處就在於他能夠認識到自己的渺小。（保羅）

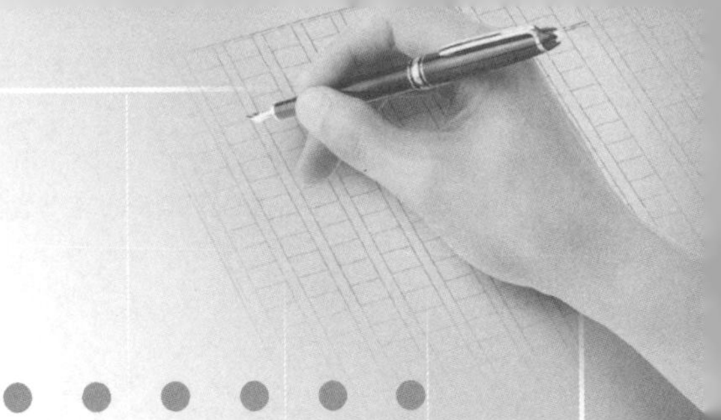

● 心靈純潔的人，生活充滿甜蜜和喜悅。（列夫・托爾斯泰）

● 真正的人生，只有在經過艱難卓絕的爭鬥之後才能實現。（塞涅卡）

● 自我控制是最強者的本能。（蕭伯納）

● 對自己的痛苦敏感，對別人的痛苦極其麻木不仁，這是人性可悲的特色之一。（池田大作）

● 對別人的意見要表示尊重，千萬別說：「你錯了。」（卡內基）

● 那些背叛同伴的人，常常不知不覺地把自己也一起毀滅了。（伊索）

● 社會猶如一艘船，每個人都要有掌舵的準備。（易卜生）

● 要使別人喜歡你，首先你得改變對人的態度，把精神放得輕鬆一點，表情自然，笑容可掬，這樣別人就會對你產生喜愛的感覺了。（卡內基）

● 我們應該不虛度一生，應該能夠說：「我已經做了我能做的事。」（居里夫人）

● 人生的價值，並不是用時間，而是用深度去衡量的。（列夫・托爾斯泰）

● 有謙和、愉快、誠懇的態度，而同時又加上忍耐精神的人，是非常幸運的。（塞涅卡）

● 人生不是一種享樂，而是一樁十分沉重的工作。（列夫・托爾斯泰）

● 求人幫助的時候，求窮人比求富人容易。（契訶夫）

● 先相信自己，然後別人才會相信你。（羅曼・羅蘭）

● 人的一生可能燃燒也可能腐朽，我不能腐朽，我願意燃燒起來！（奧斯特洛夫斯基）

● 人生如同故事。重要的並不在有多長，而是在有多好。（塞涅卡）

● 人只能有獻身社會，才能找出那實際上是短暫而有風險的生命意義。（愛因斯坦）

● 成名的藝術家反為盛名所拘束，所以他們最早的作品往往是最好的。（貝多芬）

● 誰要遊戲人生，他就一事無成，誰不能主宰自己，永遠是一個奴隸。（歌德）

● 人生最終的價值在於覺醒和思考的能力，而不只在於生存。（亞里斯多德）

● 宿命論是那些缺乏的弱者的藉口。（拉羅什福科）

● 人生猶如一本書，愚蠢者草草翻過，聰明人細細閱讀。為何如此，因為他們只能讀它一次。（保羅）

● 凡是有良好教養的人有一禁誡：勿發脾氣。（愛默生）

● 我一向憎惡為自己的溫飽打算的人。人是高於溫飽的。（高爾基）

● 對於要檢查別人心靈的人，柏拉圖要求他具備三樣東西：知識、仁慈、膽量。（蒙田）

● 如果幸福在於肉體的快感，那麼就應當說，牛找到草料吃的時候是幸福的。（赫拉克利特）

● 人生就是學校。在那裡，與其是幸福，毋寧是不幸才是好的教師。因為，生存是在深淵的孤獨裡。（海德格爾）

● 學者真正了不起的地方，是暗暗做了許多偉大的工作而生前並不因此出名。（巴爾扎克）

● 對人要和氣，但不要狎昵。（莎士比亞）

●人生是沒有畢業的學校。（黎凱）

●為真理而爭鬥是人生最大的樂趣。（布魯諾）

●好脾氣是一個人在社交中所能穿著的最佳服飾。（都德）

●無論你怎樣地表示憤怒，都不要做出任何無法挽回的事來。（培根）

●我們唯一不會改正的缺點是軟弱。（奧斯特洛夫斯基）

●習慣是一條巨繩——我們每天編結其中一根線，到最後我們最終無法弄斷它。（梅茵）

●人生是一場賭博。不管人生的財帛是得是失，只要該賭的肉尚剩一磅，我就會賭它。（羅曼．羅蘭）

●不惜犧牲自由以圖苟安的人，既不配享受自由，也不配獲得安全。（富蘭克林）

●呵！高尚的風度！多可怕的東西！風度乃是創造力的敵人。（畢卡索）

●多聽，少說，接受每一個人的責難，但是保留你的最後裁決。（莎士比亞）

●沈默較之言不由衷的話更有益於社交。（蒙田）

作文老師的叮嚀

人們平時說話總喜歡在話語裡夾雜些名人說過的話，或是寫過的經典句子，「古人說」、「俗語說」、「某某人曾經說過」等，成為一般人最愛做為引言的說話方式。

說話方式如此，作文更是如此；教作文的老師們特別喜歡告訴學生，引用名人名言名句做為寫作的引言，可以使文章看起來四平八穩，更有加分效果。

引用名人的名句做為寫作的元素之一，可見你這個人書讀不少，運用得當，自然能使文章增色不少，但若引用不當或張冠李戴，把孔子寫成孟子那就好笑了。

文學名著寶庫，讓人讀來眼花撩亂，文學大師嘔心瀝血寫成的作品，無不字字珠璣，膾炙人口。其中有些飽蘊哲理、啟迪世人的句子，更是廣為流傳。這些名言名句已經成為人類共同的語言財富，善加運用，對作文或對生活都大有助益。

哦，風啊，如果冬天來了，春天還會遠嗎？

這是英國著名詩人雪萊的代表作《西風歌》裡的名句，它與中國唐朝詩人白居易的「野火燒不盡，春風吹又生」有異曲同工之妙。這句飽含著摯情的詩句，給許多在苦難黑暗中跋涉、生活的人無限希望和勇氣。

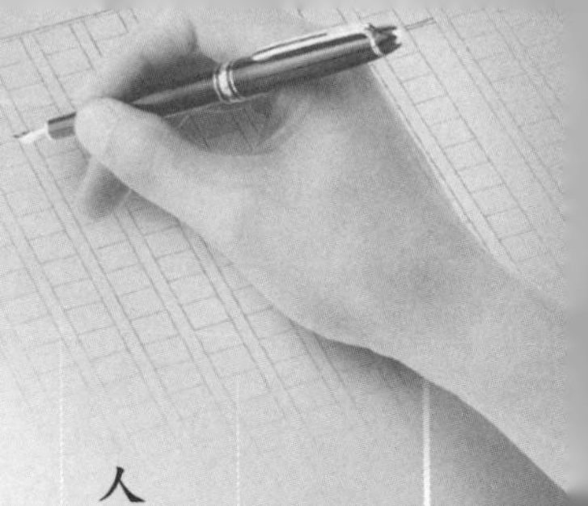

人不是為失敗而生的，一個人可以被毀滅，但不能給打敗。

這一句話出自美國著名作家，諾貝爾文學獎得主海明威的中篇小說《老人與海》。海明威在這部小說裡為讀者塑造了一位臨危不懼、視死如歸的硬漢形象——主角桑提亞哥。這句話成為激勵無數英雄強者在逆境中奮鬥搏擊的座右銘。

生命誠可貴，愛情價更高；若為自由故，兩者皆可拋！

這是匈牙利偉大詩人裴多菲的詩作《自由與愛情》中的詩句。運用對比的手法，闡釋了自由的可貴，更表達出無數自由追求者的共同心聲。

走自己的路，讓別人去說吧！

這是中世紀義大利文藝復興時期的詩人、長篇詩作《神曲》的作者但丁的名言。這句話既是寫給敢為人先、不畏人言者的座右銘，也是寫給因循守舊、畏縮不前者的一劑良藥。

面對它、接受它、處理它、放下它。

這是已故佛學和文學大師聖嚴法師最經典的一句哲理，他說：「生活中難免出現逆境，我經常勸勉大家，處理棘手的問題時，應該坦然地面對它、接受它、處理它、放下它；也就是說，遇到任何困難、艱辛、不平的情況，都不逃避，因為逃避不能解決問題，只有用智慧把責任擔負起來，才能真正從困擾的問題中獲得解脫。」

HB

磨刀不誤砍柴功

——學習語文的技巧

磨刀不誤砍柴功——學習語文的技巧

作文教學從過去以來，一直被認為是語文教學中最困難的事，一則，作文教學的效率不高，再來，即是學生學習的意願與態度不佳，都是主要原因；難怪教育單位安排作文寫作的課程時數大不如前。

影響老師作文教學未臻盡心，無法施展，進而導致學生學習作文的意願和程度低落，主要緣於以下三大陋習：

作文教學首重循河漸進，匯入百川，納爲大海

學生不喜歡上作文課，甚至不把作文當一回事，在某種意識形態上來說，是因為老師們經常在國語課和國文課的語文常識教學中，只做各類語文講解和考試所致，如：修辭、語法、句型、錯字分辨等，加上老師出的作文題目，不管學生是不是有經驗、有沒有感受、能不能體會，總之，

老師定了題，學生就得無條件乖乖地拿筆寫作；面對這種情況，學生不得不選擇用「編造」、「瞎掰」、「堆砌」的方式，胡亂下筆，迅速交卷。

「不喜歡作文」成為現代學生的通病，國文老師也不再認真鑽研作文的「寫作要領」和「創作精神」，只專心研究起如何對付考試，畢竟在考場上讓學生拿高分才是教師的教學成績。因此，速成的作文教學堂而皇之出現，關於作文和語文之間的密切關聯，語文和常識之間的唇齒關係，作文和生活、思維之間的相互牽連關係等，都被明顯忽略掉，老師忽視學生的生活經驗，不負責開啟學生心中最大和最多的創意因子，任憑學生在作文中胡說一些似是而非的假話、無病呻吟的人生見解，句子四不像，再加上錯別字連篇，作文自然淪落成一堆不成句、難成文的文字堆砌罷了！

「誰管你作文寫得好不好，基測作文分數最高也只六級分，相當於學科僅佔十二分而已，何必花時間在如何教好作文的寫作流程和技藝。」這是不少國文老師隱藏內心的聲音。

坦白說，會有這種想法和心態的老師，根本不懂作文是甚麼？甚至不會教作文，以為作文無非就是在作文簿上表達想法或寫些心得等罷了。「作文有甚麼難的？不過是一些文字的堆積嘛！」有了這種輕忽作文地位的想法，難怪學生的語文和作文會跟著淪落到嚴重缺失的地步。

作文教學，不僅只是教授作文的正統寫作理論，也必須讓學生發揮他們的時代流行語，或者被大人認為粗俗的語言。包羅萬象的語言和無奇不有的奧妙文字紛紛集合起來，無非就是要訓練學生喜歡文字、熱愛文字，以不討厭文字的原則下，進而喜歡文字、對文字產生感情；這樣一來，當遇

到作文課寫作時，學生自然懂得如何運用文字；文字在他手中、在他腦海中，他可以掌握自如，並且組字成句、織句為篇，完成作文最起碼的樣式，必定指日可待。

作文教學，何止教寫作，也教學生如何生活，如何觀察生活中千奇百怪的人生萬象，如何從異樣的眼光、不同的生活習性和想法，以及詭譎多變的社會現象中，尋找最有可能拿來發揮的題材；沒有思維、沒有想法、沒有獨特意念的文字，作文如何能寫得好？

可以這樣說，要把作文寫好，就必須讓學生的思維循河漸進，匯入百川，納為大海，以便海闊天空的容納這個世界或人生所有的喜怒哀樂、悲歡離合，以及生老病死的微妙見地。

有了掌握文字的能力和湧泉不斷的思維，作文怎會寫不好呢？

以讀後感批閱作文

不知道從甚麼時候開始，一些從來不讀書，也不屑瞭解古今中外文學創作的作者為何人？哪些作家寫過哪些文章？甚至於一點也不在乎是否要在個人專業領域進修的國文老師，都變成了文學批評家、文字學專家，只會用國文教師的身分和眼光，挑剔、評閱學生的習作毛病，卻從不檢視自己的國語文能力和作文教得怎樣，更不研析作文應該怎麼寫才好，好像學生天生下來就該懂得文字學、會寫作文，理所當然應該寫出有模有樣的文章。

有些略懂文章創作理論，卻從未真正寫作過的國文老師，批改作文時，擺出一副雞蛋裡挑骨頭的「專業態度」，從錯別字、語病到病句，從段落到篇章，一律嚴格挑剔，個人反而無法也無能引導學生如何下筆成章。

指出學生作文的錯誤、毛病，固然是作文老師的「專業職責」，如果換另一個角度，用誇獎的方式代替挑剔，以鼓勵學生對作文產生濃厚的興趣，是不是更好呢？

有些懂得作文之道的老師，不會在學生的作文後面寫下洋洋灑灑的嚴厲評語，他會寫出個人的讀後感或想法，就文章的表現跟學生進行心得交流。像這種批閱作文的方式，學生最能接受，也最為喜歡，你想，每完成一篇作文後就能看到老師和自己在作文簿上做心得和意見的交流，這是一件多麼令人雀躍的事呀！久而久之，學生自然不排斥作文，更會喜歡上作文。

閱讀教學讀出語言魅力

「讀」是「寫」的根本和根基，從學習寫作的意義上來說，閱讀是學習寫作最原始、最根本的課題，沒有閱讀、不去閱讀，作文很難表現出特色，也就是說，不讀書無以為文。

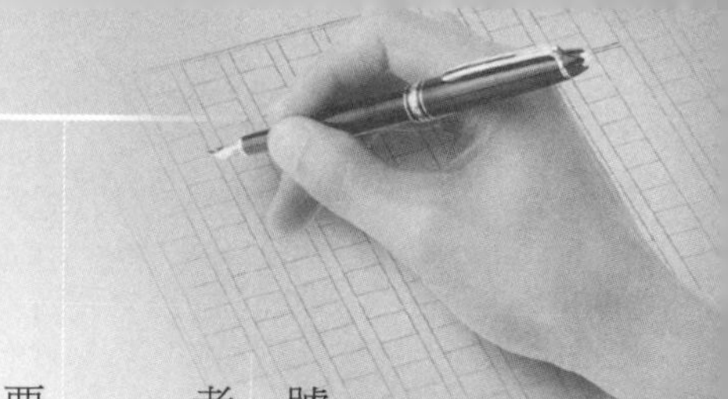

放眼語文教學的實際情況又是如何呢？當前以「分數掛帥」的閱讀教學中，閱讀只是一句口號，閱讀就是讀，但怎麼讀？老師如何教讀的要領？不出聲的讀算不算讀？讀的時候是不是要有思考？好的佳句、文章要不要背起來？這些都是閱讀教學所必須關注的議題。

目前許多國小、國中的閱讀課，純粹是為了讀而讀，為了應付交代而讀，為了老師迎合校方的要求而讀，真正關於讀書時的思考、語言魅力和好句子的賞析反而少被關注，嚴重者，老師們僅要求學生用力大聲的把文章唸一遍，一節四十分鐘的閱讀課就輕易打發掉了。

既然「讀」是「寫」的先鋒部隊，老師們為學生選書，以及自己是否在教學前先行仔細閱讀，都成為重要課題，四十分鐘的課堂教學，學生從朗讀中能學到些甚麼？能掌握多少語言表達的規律？能否從文章的表象或表義裡讀出心得？甚至體會到作者用詞造句的特色與用意何在？閱讀中，老師們要心領神會的透露給學生瞭解語言的規律、文句組合的奧妙，讓學生能夠真正體會到精彩語言的優點，進而在閱讀中學習表達和運筆能力。

讀和寫既是學生學習作文不可分割的依存體，讀，就要能讀出興趣、讀出品味、讀出風格、讀出感想、讀出感動，進而讀出思考的方針，這樣的讀才能成就語文的素養，進一步為「寫」立下良好的基礎。

造句的學習技法

目前的國語和國文課本中均附有習作，其中包括有各種句型的練習，如替換語詞、換句話說、接寫句子、改寫句子、照樣造句、長句縮短以及各類修辭的說明等，教材豐富而有變化，這種由易而難、由簡而繁的語文教學安排，充分顧及各種句式、句型的關聯與配合；然而，這種經由專家設計完成的教學教材，竟無法確切的引導學生在寫作時，順利而完美的在詞和詞、語和語、句和句、段和段之間的關聯達成任務；顯而易見學生用詞造句的能力十分薄弱，句法也缺少變化，更遑論能夠駕輕就熟的造出好句或寫出一篇好文章出來。

這是國文老師和學生對於語文常識和運用技能不夠瞭解，還是對文字本身感到生冷、陌生呢？如何加強語文能力，進而造出好句子和寫出好段落、好文章，必須注意以下幾個要素：

一、提供演講的練習

若要文章寫得好，語詞更要記得多。語言和文字是人類表達情意和想法最有利的工具，以適切的話語暢所欲言的表達出自己的心聲，再從真實的談話中吸收豐富、鮮活、獨特的語彙，揣摩並記憶正確的意義和用法，組織成意思明白、條理暢達的語句，對於寫作思路的拓展，大有助益。

二、加強文意完整和明確的練習

敘寫句子時，應注意把相關的時間、地點、人物、動作、表情或原因，清楚的交代出來，使文句有扎實、完整的效果。學生學習造句除了意思的表達要明確、具體之外，聲調也要注意和諧，多留意副詞、形容詞等的修飾，使句子達到順暢。

三、加強創意思考的練習

超越傳統造句照樣模仿的窠臼，培養流暢思考、變通思考、獨創思考和精密思考的習慣，以便創造出深具創意的美好句子。教學作文多年的林鍾隆老師曾經為文指出，要使造句對作文有所幫助，應該注意：

1.以模仿例句的句法、結構，做出具有創作性的表達。

2.要以自己的經驗，把握主題，找好題材練習，並且表達好壞的欣賞與評判。

四、語意表達不夠完整

由於學生的年紀小，生活經驗單純，推斷的思考能力不夠細膩，加上訓練不足，造出來的句子往往是語意表達不夠周延，常出現片斷的、零星的、語焉不詳的，令人看了如同丈二和尚，摸不著頭腦一樣；因此，學生寫作時必須特別留意語意的表達夠不夠完整。

五、用詞不雅

由於各種傳媒無遠弗屆的深入家庭，學生雖然能夠就此擴大知識和見聞的領域，相對於無形之中，同時也受到這些流行語言的影響，說話和寫作常常出現一些不雅和不妥的文句，如：哇靠、你看起來很屌嘛！

六、轉折銜接不順暢

句子造得是不是正確、流利，語意是不是完整，主要取決於文句的轉折與銜接。學生在這方面的訓練不夠，火候也嫌不足，宜加強再改進、再精進。

七、成語誤用、濫用

適當和適度的使用成語、諺語、俚語，可以使文章好讀好看；如果過量使用，或者沒把這些俗諺的本意和習慣用法弄清楚，不但無法產生特色，而且還顯得矯揉造作，甚至鬧出笑話。

八、標點符號誤用或脫落

「標點符號是文章的螺絲釘」，正確的使用標點符號，可以使文句看起來清爽，更能明確的表達出所要表達的意念。誤用標點符號，更能造成語意變調的情形，不得不小心使用。

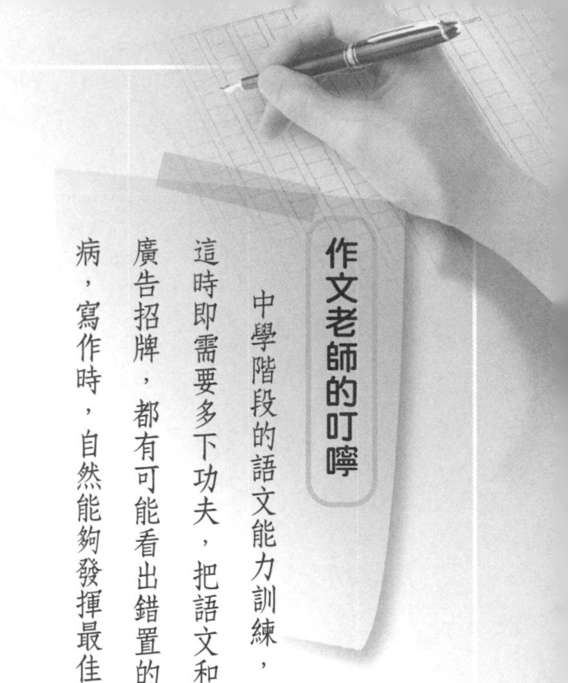

作文老師的叮嚀

中學階段的語文能力訓練，正處於學習過程中最尷尬的時刻，似懂非懂、是明非明，這時即需要多下功夫，把語文和語言訓練當成日常生活的一環，讀報、讀書、看電視、看廣告招牌，都有可能看出錯置的錯別字或不當用詞，隨時觀察，隨時提醒自己不犯同樣毛病，寫作時，自然能夠發揮最佳狀況的語文效能。

1. 用心分辨字詞音義，瞭解標點符號的功能，並適當使用，以增進閱讀理解。
2. 花時間認識常用漢字至少3,500～4,500字，以備作文時不致無字可用。
3. 平時勤查字典、成語辭典等，擴充詞彙，分辨詞義。
4. 透過臨摹或應用寫字方法與原理，用筆寫出正確、美觀的字體。
5. 因應不同場合，練習書寫通知單、留言、書信、海報、春聯等應用文書。
6. 細心學習並靈活應用語體文或文言文作品中詞語的意義。
7. 靈活應用不同的閱讀理解策略，拓展自己的讀書方法。
8. 養成經常閱讀的習慣，欣賞名家的寫作風格、特色及修辭技巧，並養成比較閱讀的能力。
9. 主動閱讀古今中外各類名家的文學名著，隨手摘錄名言名句，擴充閱讀視野。

10. 靈活應用各類工具書及電腦網路，蒐集資訊、組織題材、精擇閱讀。
11. 主動探索並整理閱讀的內容，轉化為日常生活解決問題的能力。
12. 閱讀或寫作時，配合語言情境，理解字詞和文意間的轉化。
13. 練習作文時，學習精確的遣詞用字，並靈活運用各種句型寫作。
14. 靈活應用修辭技巧，讓作品更加精緻感人。
15. 生活周遭佈滿許多語彙和詞彙，隨手記錄，隨時運用，藉以訓練對字詞的深度認知。

HB

文學的筆．新聞的眼

——報導文學的概念與發展

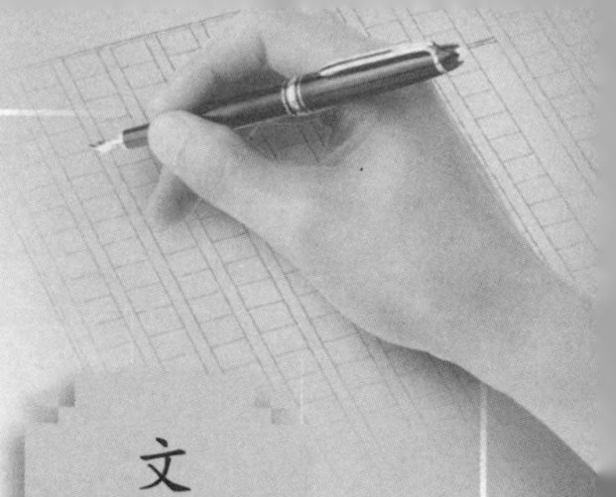

文學的筆・新聞的眼——報導文學的概念與發展

回顧一九七五年以來，當台灣社會隨著即將解嚴的政治層面，解除報禁、黨禁、出版法廢除、自由出國觀光、前赴大陸探親、設廠，人心與民主隨之全面開放；文學創作的多樣性也接續掀起莫大變化，這一方面顯示在時代脈動的變遷下，文學創作的表達可以是競逐的、多變的、巧思的，也不再受限於言論的自由與否；另一方面，在全民寫作的前提下，更顯示出台灣的文學創作已然逐步深植人心。彼時，文藝創作格外強調尊重人道精神，與不斷變革的社會一起進步，一起關懷弱勢族群，尋找人本根源。

那段期間，擔任中國時報人間副刊主編的高信疆先生，即以「文學的筆、新聞的眼，來從事人生探訪以及現實生活真實報導的生動寫作方式」。為著眼點，開闢「現實的邊緣」專欄，在當時擁有絕對權威地位的副刊版面上，大力推動「報導文學」。

這項令當代文壇和新聞界人士眼睛為之一亮，標榜「關懷人文、心繫台灣」的文學創作，不斷在文藝創作圈和傳媒界裡湧現出台灣社會新希望的文學意涵。高先生強調：「選擇報導文學，正是一個年輕人接觸人生真實的具有反哺意義的事業。報導文學是種不斷追尋的良心作業，靠著我們的行動、我們的愛心、我們的知識，才得以實踐並且成長。而當我們拿起筆來，走進鄉間、城鎮、漁牧，走進身邊的一事一物時，也正是我們從矇昧無知、受人呵護的狀態中，邁向成熟、邁向責任的最佳經驗。」又說：「曾經有人問我：『報導文學是做甚麼的？』我回答說：『是一種學習與教育的歷程。』」

如火如荼展開的報導文學研討會與創作班，在當時的報刊上不斷被披露，人間副刊、聯合副刊、書評書目雜誌、愛書人雜誌、皇冠雜誌、台灣時報副刊、人間雜誌、漢聲雜誌、文訊月刊等平面傳媒都大力倡導這項新形態的文學創作。一時間，關於台灣環境保育問題、礦工漁民生存問題、少數族群與弱勢族群權益問題、社會亂象與政黨奪權問題、娼妓問題、動物生態保育問題、流浪教師問題、河川污染和公害問題等，都在這期間，紛紛進入報導文學工作者採訪與探索關懷的領域裡；一批批從「報導文學獎」脫穎而出的文壇新銳，更強烈的意識到關懷斯土斯民的生活與台灣前途的重要性。

利用「報導文學」的寫作模式為台灣注入新希望，成為許多媒體與文學工作者趨之若騖的創作動力。「報導文學」四個字成為當時許多文學人士關懷台灣土地與人文的主要媒介。

被文學評論家何欣先生喻為「報導文學保母」的高信疆先生認為：「特別在西洋或東洋文化的大量感染之下，在經歷了種種超現實、存在的、虛無晦澀的風潮之後，也該落實到自身的環境裡，

正面的、肯定的做些事了。因而報導文學被倡導了出來。近年來生活景觀的大幅度轉變，新生的事物紛紛湧出，舊的文物也漸漸隱退，更加快了它的步履，加多了它的姿彩。」

即便經過三十餘年，各報刊、政府單位舉辦的「報導文學獎」比賽中，許多原本從事純文藝創作的文學作家，開始將筆鋒轉向關懷人性、土地的報導文學創作上，古蒙仁、陳銘磻、李利國、林清玄、馬以工、心岱、韓韓、翁台生、邱坤良、徐仁修、王鎮華、林元輝、陳正毅、陳煌、張典婉、張曉風、尤增輝、楊憲宏、劉還月、瓦歷斯・諾幹、劉克襄、楊樹清、藍博洲、廖嘉展、鄧相揚、須文蔚、徐仁修、徐宗懋、林雲閣、廖鴻基等作家都相繼加入這項意義重大的台灣人文田野調查報告的文學創作行列。

報導文學被大量應用的三十多年間，不少學者紛紛加入學術氛圍裡為其定位立名，曾任聯合報副刊主編的名詩人瘂弦先生說：「唯有從人性的基礎出發，報導文學才賦有民胞物與的胸襟。」他說：「任何一篇優秀的報導文學不能僅是照相式的反映現象，或是資料式的堆砌而已，而應是現實的藝術化，現實與藝術的相結合，否則這作品僅能算是報導而不是文學。」

文學家蔣勳先生也強調：「六〇年代之後，在台灣產生了政治上和經濟上的衝突，隨之產生了一種本土文化認同的運動，讀者要透過文學藝術來瞭解自己的問題、困境與出路，因此要求文學往下紮根，而推拒了只求能賞心悅目的風花雪月。」關懷文學與藝術落實生活的蔣動又說：「為了滿足這廣大讀者群的要求，文學工作者的價值取向也改變了，他們摒棄了唯技巧論，唯個人感而撲向社會現實之反映。報導文學才應運而生，他們的使命是積極介入社會、認識社會，然後把它具象地表現出來。」

自一九七五年以來，報導文學在台灣被積極推廣的三十多年間，這項以象徵性意義為主題的創作，究竟是一種怎樣的寫作文體？是理性報導加感性文學？還是以文學記錄報導？民間文藝團體與政府文化單位均曾多次召開相關研討會，探索「報導文學」的理論與創作精義，其中當以報業名人荊溪人先生所言更能扼要明晰的將這個文體的意義說明清楚。他說：「報導文學是以新聞的體裁，運用文字的技巧，做有目的、有系列、有結論的報導，以補充新聞的不足，引導讀者，增進閱讀興趣的一種新聞寫作。」

報導文學在台發展的過程裡，除高信疆、陳映真、唐文標、胡菊人、陳奇祿、張系國、李瑞騰、陳信元、陳光憲、黃春明、向陽、須文蔚、張堂錡等學者教授多年來不斷推進外，不少文學院、新聞科系也相繼開辦報導文學課程，全面將報導文學正式納入文學創作教學行列之中；陳映真先生主持的《人間雜誌》以報導文學精義，呈現台灣人道與生態風貌；三民書局所屬的東大圖書公司出版了一本由陳銘磻主編的台灣第一本報導文學言論集《現實的探索》；業強出版社也推出一本由陳銘磻主編的台灣報導文學十家作品集《大地阡陌路》，以及二魚出版公司出版的《報導文學讀本》，一致推舉與呈現當代台灣報導文學工作者的代表作。之後，中央大學研究生楊素芬更在指導教授李瑞騰先生指導下，寫作一本《台灣報導文學讀本》的研究論文，探討台灣報導文學發展的整體面貌，這本論述書由稻田出版公司出版。

在台專業開班授課，指導喜愛寫作者的文藝殿堂「耕莘寫作會」，以及「森學苑人文講堂」、「夏潮報導文學營」、「聯合文學文藝營」等單位都曾先後開設「報導文學寫作研習班」，聘請當代台灣報導文學創作者，與會指導學員創作報導文學寫作技巧，為報導文學在台灣的發展奠定薪火相傳的重大任務。

同時段，大陸「復旦大學出版社」和「湖南文藝出版社」接續出版了《中國優秀報告文學》、《台灣報告文學選》共三冊選載曾經在台灣發表並造成震撼的台灣報導文學作家的經典作品；這三冊書籍選載的台灣報導文學作家計有：王拓、陳銘磻、古蒙仁、薛不全、張曉風、范情、孔康、黃泌珠、朱恩伶、詹季洋、徐仁修、阿圖、趙淑俠、林海音等十四位作家的十八篇作品。其中被選入的作品仍側重對社會陰暗面的報導居多。海峽兩岸文學界對報導文學的見解各自表述，反不如報人荊溪人先生所言：「報導文學的可貴，不僅在做新聞的描述，發揮其輕鬆和興趣，更不可忽略其嚴肅的一面，就是問題的發掘。」來得更中肯與切合報導文學創作內涵。政治大學教授何欣先生則認為：「報導文學應該是以報導事實，追求事實為其目標。」

呈現以及提出，是報導文學創作的重要信念。三十多年來，台灣報導文學的發展，均朝這個目標前進。

高信疆先生從《史記》一書中體悟到報導文學的精義時，特別強調「實證的態度」、「參與的熱忱」、「承擔的精神」是組合建構這項重視人文與人道的文學創作，使之成為不朽作品的主要精神所在；面對這項關懷社會、關懷人心的文學創作風潮，報導文學工作者絕對需要清楚認知，實證的態度是理性的，參與的熱情是感性的。無怪乎高信疆才會語重心長的說：「而承擔的精神連結了這兩者，成為一個優秀的訪員對歷史負責，向永恆承諾的良心事業。」

這的確是報導文學在台灣發展以來最為切合的重要課題，高信疆說：「文學家真正全面性的展開對『報導』的自覺，是在文學已經發展到一個限度，社會達到一個新的轉型時期後。」那麼，當前台灣多變的社會面貌，以及因政治不清明所帶來的更多就業問題、產業出走的經濟蕭條問題、海峽兩岸交流問題、文化變革趨於功利主義等等問題，更急需報導文學工作者發揮文藝勇氣，再次提起寫實精神與信心，拓展報導文學的社會功效，進一步邁向如高信疆所言：「而報導文學，做為一個人生參與者、見證人的身分，從沒有一個時候，像今天這樣繽紛燦爛的，充滿一切希望的，走在時代的前面，被文學界與新聞界所共同肯定，共同擁有，共同開發著它那無窮的熱力與光華。」的深度境域。

報導文學，三十多年來確曾發揮它無窮的熱力與光華，也見證變革中的台灣社會，變遷的多樣面貌；如今，由高信疆先生誠心種下的一粒麥子，已然蔓延成一畝畝豐盛麥田，報導文學仍將在許多後繼年輕創作者的信念裡，發揮它無窮熱力，持續見證與記錄台灣新生命、新人文風貌。

——選自「兩岸報導文學的發展與未來」研討會引言論文／陳銘磻

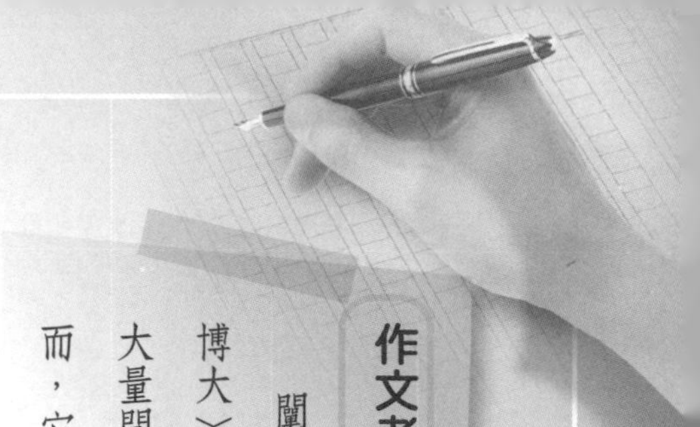

作文老師的叮嚀

闡揚報導文學在台灣植根萌芽的文學評論家高信疆先生，曾在他一篇題名為〈永恆與博大〉的演講稿中提及：「『報導文學』是這個世紀最初的三十幾年裡，被普遍肯定、被大量開發出來的，它的背景往往源自一場挑戰、一次變動、一個秩序的毀壞或再生……然而，它彌補了並跨越了這些。基於它行動的本質，實踐的熱力，求真的特性，快速的效果，以及它對群體的關照和平衡，於是，我們看到報導文學在痛苦中透出溫煦、在寂寞裡帶來友愛、在紛亂間提供知識、在變遷時展現契機的可能。」他又說：「把文學與報導結合起來，是這個時代的共同需要，並不是新聞界的不安分，也不是文學界的偏鋒。時代需要它，讀者也需要它。」

如果用文學的精神內涵和優美的文字，去寫作一篇具有現象性的報導作品，利用「描述」和「述說」，自然能夠把被採訪的人物或事件的感染力和感動力發揮出來；報導文學要的是象徵的意義，也就是說，用文學凝練的技巧琢磨事件本身，報導文學的作品就能生動許多。同時，創作者更將發現，報導文學這種具有綜合作用的「象徵意義大於直接訴求」的創作法，易於使人體悟到，報導文學不該只是真實報導而缺乏文學意識。

透過真實事件的敘述，呈現出事件被忽視、被遺忘，或被冷落的心情，再經「描述」的寫作功力，藉由生動的文字把事件的真相如繪畫中的渲染那樣，一步步表現出來。

報導文學不僅要求文字平實、靈巧；對主題的選擇更期望能重視台灣環境污染問題、經濟與人心更迭問題、少數族群與弱勢族群權益問題、社會亂象與政黨政奪問題、動物生態保育問題、土地利用問題等，這些議題，的確需要報導文學工作者走入其間做深度探索。

HB

文學最早和最大的功能，即是報導

——報導文學的寫作要領

文學最早和最大的功能，即是報導——報導文學的寫作要領

什麼是報導文學？

1. 媒體人黃年說：「報導文學的素材必須以事實為根據，但得以文學手法處理。」
2. 媒體人高信疆說：「報導文學是一種實踐的文學，也是文學的實踐，它的意義是愛與尊嚴，它的形式是文學形態與新聞報導的綜合表現。」
3. 作家張系國說：「報導文學的三個特點是：有計劃的選擇真實材料、戲劇化安排事件的發展、透過作品發揮作者的見解。」

報導文學在台灣發展的歷史線索

1. 從報告文學到報導文學：從中國抗日的通訊報告寫作到台灣社會發展過程中的現實探索。
2. 從現實邊緣到深度報導：從社會現象的描述與記錄到蘊含人道精神的人文關懷與報導。

認識報導文學的基本概念與意義

1. 報導文學的本質是：文學最早和最大的功能，即是報導。
2. 報導文學的意義是：把昨天的事實與今天的事件聯繫起來，產生明天的意義。亦即歷史＋新聞成為展望（新希望）。
3. 報導文學的內涵是：忠實地記錄時代現象、特徵以及保存最優美的民情風俗與人文特色。
4. 報導文學的精神是：實證的態度是理性的；參與的熱情是感性的。
5. 報導文學的態度是：報導：客觀的原則；文學：主觀的見解。
6. 報導文學的功能是：傳達無數生活訊息、民情風俗、個人見聞的作品，無論歌謠、傳說、史詩、人文遊記，都充滿實質的人生與歷史現象。

報導文學的內涵與創作意識

1. 知的掌握：以作者的知識見解，傳播知性訊息的良知與道德。
2. 不虛美、不隱惡的特性：以平等的關懷心性看待人、事、物。
3. 從生冷資料到活潑意象：以歷史角度的認知，探索人文民情見聞，並消化舊資料賦予新知。
4. 思無邪的創作心靈：用文學家寬厚的胸懷，探索社會事件的真實層面與感懷心得。

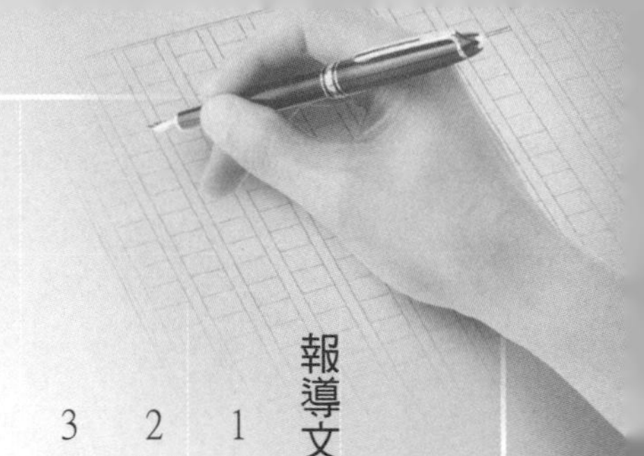

報導文學的創作精神

1 通俗可讀的文采：以文學家豐富多彩的文筆敘述，深入人心、創造口碑。

2 開放平等的胸襟：不以高低論人，不以成敗敘事的平衡寫作。

3 綜合象徵的能力：意象概念的具體呈現。

——綜合傳播精神、歷史意義與文學特性的的三大創作精髓。

報導文學的未來發展

1. 從關懷生活在台灣的庶民和土地開始著手，放眼世界的未來性。
2. 發揮正義與公正的人文情愫，以人文為報導的前提。
3. 揭發社會的不公、不義現象，進而成就人類進化的順暢發展。
4. 重塑人文環保與文明禪機，創造台灣和樂而真誠的人文社會。

報導文學寫作重點

報導文學是以新聞事件、社會現象、文化演進為體裁，運用文字的技巧，綜合文學與新聞的特質，做有目的、有系列、有結論的報導，以補充新聞的不足，引導讀者，以期增進閱讀興趣的一種新聞文學的寫作方式。也就是使用「深度報導」強調創發性的思考特性，去完成新聞事件、社會現象和文化演進等所產生的人文效應，繼而以文學的思維、新聞的觸角寫作完成。

報導文學作品研讀

詩經——

周朝民族的敘事史詩。印證對人生真相的掌握。孔子說：「不學詩，無以言。」詩經是報導的文學，無論政治、社會、宗教、民生、經濟、愛情等均投影出社會興亡治亂的痕跡。

《詩經》是中國最古老的詩歌，也是中國第一部詩歌集。

《詩經》是民間歌謠，共收錄詩歌三百零五首，大約是西周初期到春秋中期五百年間的作品。

詩經的作品，分為風、雅、頌，是為「詩之體」，是詩樂調的分類。賦、比、興是為「詩之用」，是指寫作技巧。「賦」是直接抒寫、鋪敘，直陳其事；「比」是比喻；「興」是託物起興。

〈風〉是民間歌謠，採自十五個諸侯國，又稱〈十五國風〉，共一百六十篇。十五國分別為周南、召南、邶、鄘、衛、王、鄭、齊、魏、唐、秦、陳、檜、曹、豳。

〈雅〉是周室王畿的樂歌。雅分大雅（共三十一篇）、小雅（共七十四篇），用於朝廷、貴族飲宴時的詩歌樂章。

〈頌〉是宗廟祭祀的詩篇，共四十篇，有周頌、商頌、魯頌，用以在祭祀時讚美祖先功德。詩經的「四始」為《國風》的〈關雎〉、《小雅》的〈鹿鳴〉、《大雅》的〈文王〉、以及《周頌》

的〈清廟〉。

司馬遷對真的追求。印證了實證的態度、參與的熱忱、承擔的精神。尤其不以高低論人，不以成敗敘事，闡揚報導文學的主要精神。

史記——

《史記》是偉大的歷史著作，也是傳記文學鉅著。它在中國文學史上扮演承先啟後的角色。自漢以來，許多作家均能從《史記》中得到人物、事蹟等列傳的寫作方法，以及文章創作風格的激發。鄭樵說：「百代以下，史官不能易其法，學者不能舍其書。」無論對史學和文學來說，《史記》都是最合適的參考用書。

唐宋以來的文學家無不熟讀《史記》，號稱「文起八代之衰」的韓愈十分推崇司馬遷，把《史記》看成為文的規範。宋朝文學家歐陽修散文的簡練流暢特點，都深得《史記》的神韻；《史記》成為這些名家的寫作指標。唐朝韓愈、柳宗元，明朝歸有光都如此。

《史記》對通俗小說和戲劇創作也有一定的影響。《史記》的人物傳記有人物形象、故事情節簡練生動、繪色繪聲，千百年來流傳民間，對中國古典小說的傳統風格掀起巨大的作用。

老殘遊記——

非虛構的深度旅遊報導，意含強烈的自然意象與人文特質；卻非單一的走馬看花或淺薄的旅行心情見聞錄。它描寫一個搖串鈴的江湖醫生老殘在遊歷途中的所見、所聞、所為，反映了晚清某些社會現實，也表達了作者對時局的見解和他反動的政治主張。全書以玉賢、剛弼兩個酷吏的暴政為主要內容，更寫出了現實的黑暗，這是作品最具意義的部分。

作者劉鶚生處亂世，目睹國事糜爛，再加上個人事業失敗與政治理想幻滅，《老殘遊記》便成為個人情感的寄託。他在書中自敘：「吾人生今之時，有身世之感情，有國家之感情，有社會之感情，有宗教之感情，其感情愈深者，其哭泣愈痛，此洪都百鍊生所以有老殘遊記之作也。棋局已殘，吾人將老，欲不哭泣也得乎？」由此可知，《老殘遊記》為當時中國社會之縮影。

報導文學作品集——

人妖之間／劉賓雁

大地反撲／心岱

大地阡陌路——十位報導文學作家的十篇代表作／業強出版

月亮的小孩／廖嘉展

古拉格群島／索忍尼辛

史記／司馬遷（漢朝）

台灣報告文學／復旦大學出版

台灣報導文學概論／楊素芬

民間戲曲散記／邱坤良

江湖春秋／林元輝

老殘遊記／劉鶚（清朝）

冷血／卡波第

我們只有一個地球／馬以工、韓韓、心岱合著

走過傷心地／楊憲宏

官場現形記／李寶嘉（清朝）

所羅門王的指環／勞倫茲

現實的探索——報導文學觀念討論集／東大圖書出版

異域／郭衣洞

陳銘磻報導文學集／陳銘磻

報導文學在台灣／須文蔚

報導文學讀本／二魚出版

發現台灣／殷允芃等

黑色的部落／古蒙仁

詩經／民間歌謠（周朝）

裨海紀遊／郁永河（清朝）

* HB *

中國古典文學的領域

——中國古典文學的閱讀與賞析

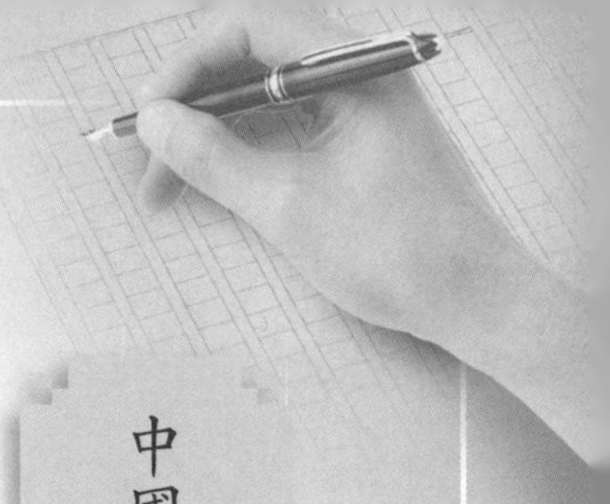

中國古典文學的領域——中國古典文學的閱讀與賞析

「國學常識」是基測和學測常考的題庫之一，「國學常識」中的古文、文法、古人生平、著作、風格，常令學生聞之色變，咸認古文不好讀，讀來頭痛不已；但為了面對考試卻又不讀不行，最後只好硬著頭皮勉強接觸，古文啊古文，真是惱人心煩呀！

台北師範大學國文系教授朱榮智說：「浸淫在中國古典文學中，真能提升我們的生活領域，充實我們的生活內容。我相信有很多人都明白這些道理，也很想對中國古典文學有一番認識，由瞭解進而欣賞，但是苦無門徑，不知從何處著手。」長年研究中國古典文學的朱老師，特別介紹了幾本入門書，讓喜愛古典文學的初學者能有一番新的認識。

詩經——

詩經是最早的民歌總集，它是四言詩的代表，也是後代各體文學的濫觴，而且它表現出周朝的政治、經濟、社會、宗教、道德、思想、教育與愛情，為研究古史的最好資料。

◎參考用書：詩經今註今譯（商務出版）。

楚辭——

楚辭為戰國時代南方楚國的詩歌，漢朝的劉向及王逸編楚辭時，把漢人的摹擬作品也都收錄，其中屈原的「離騷」為千古奇文，文辭弘博雅麗，影響後代文學的發展十分深遠。

◎參考用書：楚辭概論（商務出版）。

漢賦——

漢賦是體制弘偉、筆調誇張，介於詩歌和散文之間的文體，司馬相如的子虛賦、上林賦等為主要內容，漢賦作家很多，作品也不少；喜歡華麗文字富麗典雅的人，可以閱讀。

◎參考用書：昭明文選（藝文印書館）。

樂府詩——

漢魏六朝的詩歌文學，除了古體詩，還有樂府詩，漢武帝的〈秋風辭〉，慷慨高亢，雄偉壯闊。

◎參考用書：樂府古辭鈔（學海出版）。

漢魏六朝詩——

漢魏六朝可以說是五言詩的時代，曹操的詩，亢直悲涼，曹丕的詩，優美柔和，曹植的詩，辭采豐盛。西晉、東晉詩人陶淵明等作品，都在這裡面。

◎參考用書：昭明文選（藝文印書館）。

唐詩——

唐朝為詩歌的黃金年代，僅據全唐詩不完備的紀錄，已有兩千兩百餘家，四萬八千九百餘首。想要學詩的人，應從唐詩入手。

◎參考用書：全唐詩（明倫出版）、新譯唐詩三百首（三民書局）。

宋詞——

宋朝為詞的黃金時代，北宋歐陽修、晏殊詞多清麗，蘇東坡、柳永、秦觀、周邦彥、李清照、陸游、辛棄疾等名家輩出，都使宋詞永垂千古而不朽。

◎參考用書：全宋詞（中央輿地出版）、宋詞三百首箋（學生書局）。

元曲——

元曲分散曲和劇曲，不論記事、寫景、狀物、言情，都能清唱，還有科（動作）、白（獨白、對話）；喜愛古典戲劇的人，元曲不可錯過。

◎參考用書：元曲三百首（明倫出版）、宋元戲曲史（商務印書館）、散曲叢刊（中華書局）。

明清小說——

水滸傳、三國演義、金瓶梅、西遊記、紅樓夢、儒林外史、鏡花緣、老殘遊記、幽夢影等都是明清時代留下的偉大作品。

文章——

想要寫好文章，必須多讀精美的作品；古文觀止、古文辭類纂、文法律梁、古文析義、世說新語、史記評林、蘇東坡全集、人間詞話、詩詞散論等都有助於對中國古典文學的瞭解。

作文老師的叮嚀

作家張曉風說：「學了文言懂白話比較容易，只學白話要兼懂文言就有點困難。請相信我，在未來二十一世紀的中葉和末葉，兼通文言和白話的人是擁有比較多資源的人，是更容易生存的人。更何況，兼修文言並不是什麼難事。」又說：「我自己嘗試為文半世紀，每有年輕人來請教祕訣——奇怪的是每當我說出真祕訣，別人也只漠漠聽之。其實答案很簡單，多向古文和俗諺中大大方方伸手擷取就可以了。」

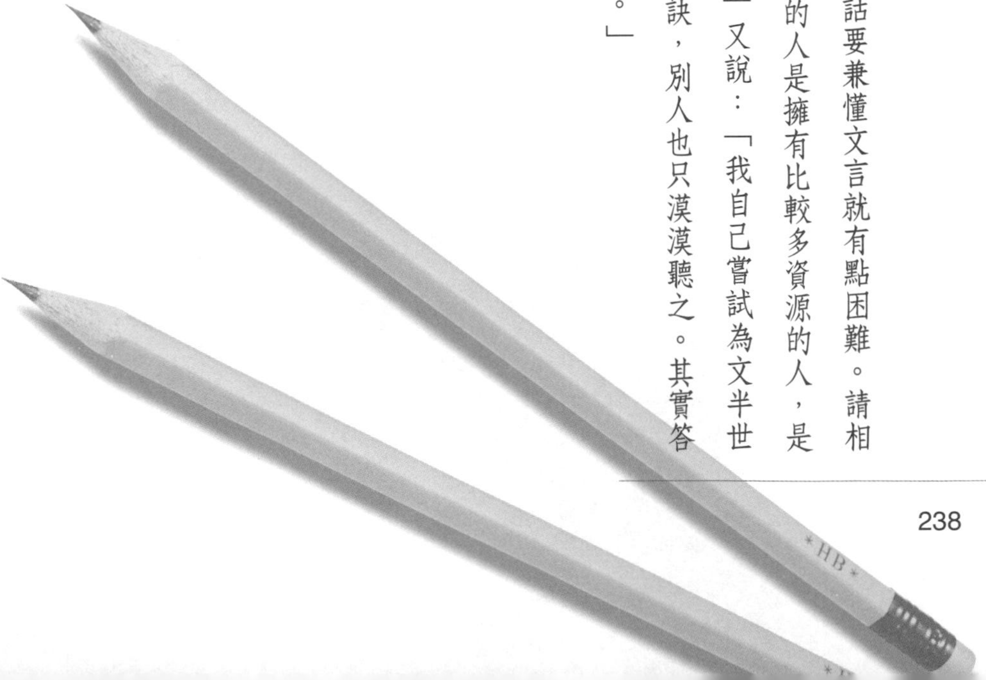

東洋文學的火花

——日本文學作品介紹與賞析

說過：「我以為藝術家不是一代就能夠產生的。有時甚至要經過三代的孕育，才能開花結果。」的日本文學家川端康成，他的文學作品有明朗、抒情、優美的一面，也有虛無、愁黯、頹廢的一面。在思想的內涵上，他的作品當然不屬於波瀾壯闊、堅毅、粗獷那種風貌的，每一位作家都有其執著和他信守的鵠的。

翻譯家余阿勳則說：「如果打破詩與小說的界域，隨心所欲剖析人性肌理與感覺的造詣而言，無疑的，在世界文學史上川端康成是箇中佼佼者，他的成就絕對無遜於喬伊思、普魯斯特、維吉妮亞、吳爾夫這些大師了。」

得過諾貝爾文學獎的川端康成，寫過無數膾炙人口的作品：雪國、伊豆の舞孃、伊豆の旅、千羽鶴、京都、美麗與悲哀等。《伊豆の舞孃》一書甚至拍過多次電影，第一次由吉永小百合和高橋英樹合演；第二次則由山口百惠和三浦友和合演，創造文學作品領導電影文化高潮的盛事。

除了川端康成的作品深受世界文壇的注意，日本文學家之中，夏目漱石、三島由紀夫、芥川龍

認識東洋文學

東洋文學指的是日本文學。

之介、司馬遼太郎、村上春樹等都受到重視。「有的人到這人世間來好像只是踮一踮腳，還沒有讓人看仔細，來去匆匆的人，文學史上有的是。芥川龍之介便是屬於這類一閃的火花。他的一生只是一剎那的閃光，他的感動也只是一剎那的感動。他在他的作品中謳歌剎那，才能抓住剎那，在剎那間迸出他的才華。」翻譯芥川龍之芥作品最多的翻譯家金溟若這樣說著。

這其間，以寫作《金閣寺》、《假面の告白》等書，名滿日本和台灣的三島由紀夫，更是一個富於思考的作家，他曾說：「現代日本是許多矛盾、許多文化的混合體。我不能不生存於此。但我常常要與環境爭鬥。生而為一個日本人，彷彿是活在一場錯綜複雜的夢境之中。」因此而產生他的不斷「虛妄」，但這些虛妄反而成就他作品的主題，讓他有一段時間過著富於戲劇性的多彩生涯。

三島由紀夫如此、川端康成如此、夏目漱石更是如此，日本許多文學家的意識形態，都在這種巧妙的獨特性之下，創造出感人又富於向死亡挑戰的偉大作品。

日本文學作品影響台灣文學不小，學習作文者，自然不能疏忽對日本文學作品的瞭解。

按照維基百科的說法：日本文學指的是以日本語寫作的文學作品，橫跨的時間大約有兩千年。早期的文學作品受到中國文學非常大的影響，但在後來日本也漸漸形成自有的文學風格和特色。十九世紀日本重啟港口與西方國家貿易及展開外交關係之後，西方文學也開始影響日本的作家，直到今天仍然得見其影響力。

在日本，也有因為考慮到近來非日本籍的日裔作家，而採用「日語文學」稱呼的情形。

近代日本文學著名的作家有：井原西鶴、松尾芭蕉、近松門左衛門、上田秋成、山東京傳、十返舍一九、曲亭馬琴等。

現代日本文學著名的作家則包括：森鷗外、尾崎紅葉、夏目漱石、泉鏡花、志賀直哉、石川啄木、谷崎潤一郎、芥川龍之介、吉川英治、金子光晴、宮澤賢治、壺井繁治、黑島傳治、石川淳、川端康成、宮本百合子、壺井栄、小熊秀雄、小林多喜二、石川達三、太宰治、遠藤周作、安部公房、三島由紀夫、井上ひさし、大江健三郎、中上健次、村上春樹、村上龍等。

東洋文學作品研讀

一個人上東京／高木直子
人間失格／太宰治
三四郎／夏目漱石
五號街夕霧樓／水上勉
月光の東／宮本輝
半七捕物帳／岡本綺堂
古都／川端康成
白色巨塔／山崎豐子
石川啄木全集／石川啄木
伊豆の舞孃／川端康成
共生虫／村上龍
地獄變／芥川龍之介
老師の提包／川上弘美
我是貓／夏目漱石

沈默／遠藤周作
夜行巡查／泉鏡花
枕草子／清少納言
泥河、螢川、道頓堀川／宮本輝
金色夜叉／尾崎紅葉
金閣寺／三島由紀夫
南京基督／芥川龍之介
屋上的狂人／菊池寬
春琴抄／谷崎潤一郎
砂女&箱男／安部公房
苦悶的象徵／廚川白村
哥兒／夏目漱石
海邊的卡夫卡／村上春樹
狼災記／井上靖
假面の告白／三島由紀夫

接近無限透明的藍／村上龍
細雪／谷崎潤一郎
被咀咒的木乃伊／島田莊司
雪國／川端康成
盜賊／芥川龍之介
源氏物語／紫式部
準備好大哭一場／江國香織
道草／夏目漱石

遇見100% 的女孩／村上春樹
漩渦／伊藤潤二
舞姬／森鷗外
潮騷／三島由紀夫
羅生門／芥川龍之介
蟹工船／小林多喜二
聽風的歌／村上春樹

作文老師的叮嚀

畢業於日本國立東北大學文學博士，曾任輔仁大學外語學院院長、日本國立東北大學客座研究員，著有《日本現代文學掃描》的林水福老師說：「文學，既然是文字的藝術，當然也必須面對所有藝術共通的嚴苛考驗——一次性宿命，再怎麼嘔心瀝血的作品，只容許唯一，絕不能有第二。」

日本文學史上，《枕草子》和《源氏物語》並稱平安時代的文學雙璧，極受尊崇，是屬於林水福所稱「嘔心瀝血的作品」。

在日本風土下孕育出來的文學，和自然緊密融合。日本古代的歌謠，如：《萬葉集》中，就有許多觀察自然細微推變後，寄喻心性和情感的詩歌。到了平安時代，散文隨筆的世界更為顯著，隨筆《枕草子》就是很好的例子。在《源氏物語》中，以自然為象徵的表現手法，隨處可見。作者將其近侍皇后的宮中見聞和體會，以隨筆形式記述，包括皇室生活、男女之情、人生體驗及山川花草等，都以敏銳而優雅的筆觸抒寫，引人入勝。

進入了中世紀之後，即出現如西行這樣吟詠自然風味的和歌詩人。從大自然是人間形形色色的開端和源頭的觀念中，孕育出隱遁思想的「隱者文學」。

可以這樣說，日本文學作品的特色，不論詩歌、俳句、散文都以「跟自然融合」為開端，進而走入「毀滅的美學」和「內省與自閉的傾向」的境域裡，從川端康成和三島由紀夫的作品看來，日本文學作品的表現，還是偏向毀滅美學的展現居多，這或許是日本人比較喜歡悲劇色彩與悲劇美學所帶來的思考深度吧！

HB

西洋文學的特質

——西洋文學作品介紹與賞析

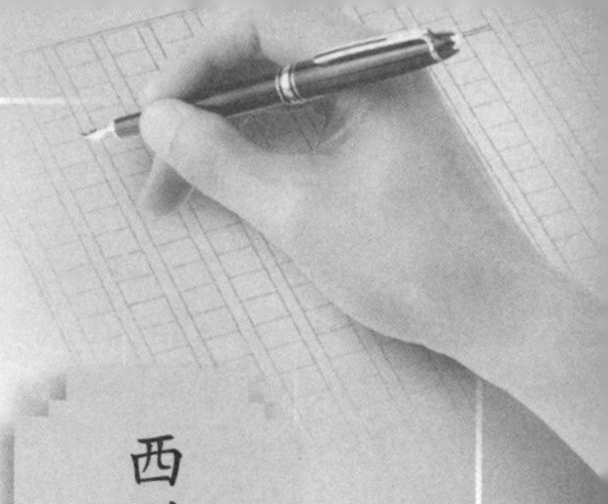

西洋文學的特質——西洋文學作品介紹與賞析

按照一份題名叫「英美文學教學趨勢與多元智能的應用」的研究報告強調：第二外語文學教學有兩種情形，第一種情形是將文學當做研究的資料，閱讀文學是想在文學的學術領域中獲取文學能力方面的資格，對文學傳統及文學批評理論要有所瞭解，並且能使用文學專門的術語進行討論，這對第二外語的初學者而言是一種挑戰。

研究報告又說：第二種情形是將文學當做一種學習第二外語的資源。大學文學課程當中，「西洋文學概論」或「文學作品讀法」，係屬於入門課程或介紹性質，學術意味較不濃厚，就某種程度而言，文學作品可視為研究的資料，但不容忽視的是，文學是一種學習第二外語的資源，可提供語言學習的機會，刺激學習者學習動機，學生即使未朝文學專業方面研究，至少能肯定文學乃語言學習不可或缺的資料，從文學閱讀當中可培養語言能力，相對的，語言能力提高，也有助於提高文學作品欣賞的能力。

這份報告告訴我們：學習閱讀西洋文學作品，有助於更加瞭解西方文化的背景。

目前，透過西洋文學教學，存在有三種模式，即：（1）文化模式、（2）語言模式、（3）個人成長模式。這三種模式雖然各有利弊，但若能融合應用，將西洋語言教學與西洋文學教學視為一體，利將多於弊。

正如翻譯作家楊耐冬先生在馬奎斯著作的《百年孤寂》一書的譯序中說：「他在文字上的藝術獨創風格，他的寫實是這樣魔幻，故事是這樣的感人，遂使這本堪稱奇書的《百年孤寂》一如任何其他偉大名著一樣，成為地球上不朽的人類遺產，並使一向面貌苦澀的現代小說綻放出了笑容，擴大了它的讀者群，經由文學將人類從今日高度理性文明的危機中拯救出來。」

文學的功效於此可見一斑，照這份研究報告第三項「個人成長模式」強調：「個人成長模式，以學習者為中心，主要是探討文學作品中與讀者經驗相關的主題，藉以激發學習者閱讀的興趣。因此作品的選擇以主題為主，較會考慮到學生的興趣，同時也會應用與主題相關的非文學類的資料，提高學生的學習動機。」

報告說：「就海明威及福克納的作品而言，海明威小說中所呈現的世界，較具人類共通性，如戰亂分離、愛國情操及難捨愛情等，較接近讀者的經驗範圍，讀者有較多想像空間參與其中；福克納的作品艱澀，具地域性，描述美國南方黑白種族歧視及社會階級的觀念，要欣賞其作品的偉大，讀者就需具備一些美國文化常識了。」因此，研讀西洋文學作品對現代學子而言，似乎已跟學習語言一樣融為一體了，尤其中文作文或英文作文同為創作，同樣需要語言與語文的結合，才能創造出

西洋文學發展過程

西洋文學最早稱做「古代文學」，又分為聖經文學和希臘羅馬文學，兩者興起的時間約在西元前八世紀左右，是西方文學的源頭。

希臘羅馬文學的作品特色幾乎全以戰爭和爭鬥為主題，後來發展出史詩和悲劇故事。著名的荷馬更是當代偉大的史詩作家。羅馬帝國於西元五世紀滅亡，經過三、四百年的演化後，中古時期的文學作品即分為三類：1.宗教文學，如聖奧古斯丁的《告白》和但丁《神曲》等。2.騎士文學，如亞瑟王和圓桌武士、查理曼傳奇以及亞歷山大傳奇等。3.世俗文學，其文學寫作方式趨於寫實和嘲諷，如薄伽丘的《十日談》、佩托拉克的《十四行詩》和喬叟的《坎特伯里故事集》。

文藝復興時期最有名的作家，包括法國的拉博雷和蒙恬、西班牙塞凡提斯的Don Quiote、英國的莎士比亞和寫《失樂園》的米爾頓。這段時期的西洋文學著重在詩歌和散文。

直到源自法國的英國新古典主義被發揚後，創作潮流以諷刺文為主，散文和小說都各具特色，寫《格列佛遊記》的史威夫特更是箇中好手，另外，約翰生的散文、文學批評是當代的特色之一；

直到浪漫運動中期後，第一代的天才作家湖畔詩人Wordsworth和Coleridge合寫抒情歌謠後，浪漫主義才受到舉世矚目，到第二代的雪萊和拜倫，甚至是濟慈，進入維多利亞時期的布朗寧之間的一百多年之間，都是浪漫運動的濫觴。

寫實主義是浪漫主義的反動，於是小說適時獨創蹊徑，英國狄更斯的《塊肉餘生錄》是一例。美國的馬克吐溫和莫泊桑等人也都是箇中小說高手。

這時，俄國的屠格涅夫和托爾斯泰，更在達爾文的進化論為開端的十九世紀，以小說和激進的散文，描寫人與大自然、社會的搏鬥，如美國的海明威所寫的《老人與海》即是一例。

期間，從佛洛伊德揭開人類的下意識之後，文學就開始強調所謂的意識流和超現實主義，卡夫卡的作品《變形記》以及荒謬戲劇，甚至貝克特的《等待果陀》，讓西洋文學開始進入更多元的領域中。

西洋文學作品研讀

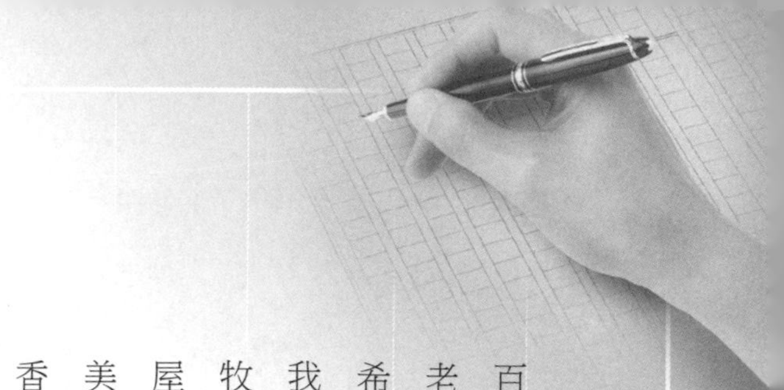

百年孤寂／馬奎斯
老人與海／海明威
希臘神話／金尼斯
我思故我在／笛卡兒
牧羊少年幻之旅／保羅科爾賀
屋頂上的哲學家／梭維斯特
美麗新世界／赫胥黎
香水／派屈克徐四金
格林童話全集／格林兄弟
泰戈爾詩集／泰戈爾
浮士德／歌德
神曲的故事／但丁
茶花女／小仲馬
馬克吐溫名作選／馬克・吐溫
基督山恩仇記／大仲馬
異鄉人／卡繆
莎士比亞全集／莎士比亞

莫泊桑短篇全集／莫泊桑
野性的呼喚／傑克・倫敦
麥田捕手／傑諾・大衛・沙林傑
湖濱散記／梭羅
湯姆歷險記／馬克・吐溫
傲慢與偏見／珍・奧斯汀
徬徨少年時／赫塞
愛的教育／亞米契斯
蛻變／卡夫卡
夢的解析／佛洛伊德
歌劇魅影／卡斯頓
標竿人生／楊高俐理
戰爭與和平／托爾斯泰
環遊世界八十天／凡爾納
簡愛／夏綠蒂・勃朗特
雙城記／狄更斯

一九〇〇年之後，諾貝爾文學獎得主及其作品

1901年 蘇利・普呂多姆，法國詩人

1902年 特奧多爾・蒙森，德國人

1903年 比昂斯滕・比昂松，挪威人

1904年 弗雷德里克・米斯特拉爾，法國詩人

何塞・埃切加賴，西班牙戲劇家、詩人

1905年 亨利克・顯克維支，波蘭小說家

1906年 喬祖埃・卡爾杜齊，義大利詩人

1907年 約瑟夫・魯德亞德・吉卜林，英國小說家

1908年 魯道爾夫・歐肯，德國哲學家

1909年 塞爾瑪・拉格洛夫，瑞典作家

1910年 保爾・約翰・路德維希・馮・海塞，德國作家《特雷碧姑娘》

1911年 莫里斯・梅特林克，比利時劇作家、散文家《花的智慧》

1912年 蓋哈特・霍普特曼，德國劇作家、詩人《群鼠》

1913年 羅賓德拉納特・泰戈爾，印度詩人、社會活動家《吉檀枷利》

1914年 未頒獎

1915年 羅曼・羅蘭，法國作家、音樂評論家《約翰・克利斯朵夫》

1916年 魏爾納・海頓斯坦姆，瑞典詩人、小說家《朝聖年代》

1917年 卡爾・阿道夫・蓋勒魯普，丹麥作家《磨坊血案》

亨利克・蓬托皮丹，丹麥小說家《天國》

1918年 未頒獎

1919年 卡爾・施皮特勒，瑞士詩人、小說家《奧林比亞的春天》

1920年 克努特・漢姆生，挪威小說家、戲劇家《大地碩果・畜牧曲》

1921年 阿納托爾・法郎士，法國作家、社會活動家《苔依絲》

1922年 哈辛托・貝納文特，西班牙作家《不吉利的姑娘》

1923年 威廉・勃特勒・葉芝，愛爾蘭詩人、劇作家《麗達與天鵝》

1924年 瓦迪斯瓦夫・雷蒙特，波蘭作家《福地》

1925年 蕭伯納，愛爾蘭戲劇家《聖女貞德》

1926年 格拉齊亞・黛萊達，義大利作家《邪惡之路》

1927年 亨利・柏格森，法國哲學家《創造進化論》

1928年 西格里德・溫塞特，挪威作家《新娘・主人・十字架》

1929年 湯瑪斯・曼，德國作家《魔山》
1930年 辛克萊・路易斯，美國作家《巴比特》
1931年 埃利克・阿克塞爾・卡爾費爾特，瑞典詩人《荒原和愛情》
1932年 約翰・高爾斯華綏，英國小說家、劇作家《有產者》
1933年 伊凡・亞利克塞維奇・蒲寧，俄國作家《米佳的愛》
1934年 路伊吉・皮蘭德婁，義大利小說家、戲劇家《尋找自我》
1935年 未頒獎
1936年 尤金・奧尼爾，美國劇作家《天邊外》
1937年 羅傑・馬丁・杜・加爾，法國小說家《蒂伯一家》
1938年 賽珍珠，美國作家《大地》
1939年 弗蘭斯・埃米爾・西蘭帕，芬蘭作家《少女西麗亞》
1940年 未頒獎
1941年 未頒獎
1942年 未頒獎
1943年 未頒獎
1944年 約翰內斯・威廉・延森，丹麥小說家、詩人《漫長的旅行》

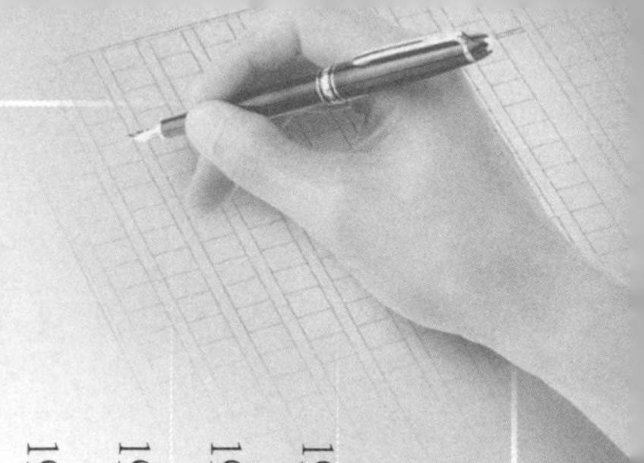

1945年　加夫列拉・米斯特拉爾，智利詩人《柔情》

1946年　赫爾曼・赫塞，德國作家《荒原狼》

1947年　安德列・紀德，法國作家、評論家《田園交響曲》

1948年　湯瑪斯・斯特恩斯・艾略特，英美劇作家、批評家《四個四重奏》

1949年　威廉・福克納，美國作家《我彌留之際》

1950年　伯特蘭・羅素，英國數學家、哲學家《哲學—數學—文學》

1951年　帕爾・費比安・拉格奎斯特，瑞典戲劇家、小說家《大盜巴拉巴》

1952年　弗朗索瓦・莫里亞克，法國作家《愛的荒漠》

1953年　溫斯頓・邱吉爾，英國政治家、歷史學家。曾任英國首相《不需要的戰爭》

1954年　歐尼斯特・海明威，美國作家《老人與海》

1955年　赫爾・多爾・奇里揚・拉克斯內斯，冰島作家《漁家女》

1956年　胡安・拉蒙・希梅內斯，西班牙詩人《悲哀的詠嘆調》

1957年　阿爾貝・加繆，法國作家《鼠疫》

1958年　伯里斯・列昂尼多維奇・帕斯捷爾納克，俄羅斯小說家《齊瓦哥醫生》

1959年　薩瓦多爾・誇西莫多，義大利詩人《水與土》

1960年　聖瓊・佩斯，法國詩人《藍色戀歌》

1961年　伊沃・安德里奇，南斯拉夫小說家《橋・小姐》
1962年　約翰・史坦貝克，美國作家《人鼠之間》
1963年　喬治・塞菲里斯，希臘詩人《「畫眉鳥」號》
1964年　朗・保爾・薩特，法國哲學家、作家《蒼蠅》
1965年　米哈伊爾・亞歷山大羅維奇・肖洛霍夫，蘇聯作家《靜靜的頓河》
1966年　薩繆爾・約瑟夫・阿格農，以色列作家《行為之書》
　　　　奈莉・薩克斯，瑞典詩人《逃亡》
1967年　米格爾・阿斯圖理亞斯，瓜地馬拉詩人、小說家《玉米人》
1968年　川端康成，日本小說家《雪國・千羽鶴・古都》
1969年　撒母耳・貝克特，法國作家《等待哥多》
1970年　亞歷山大・索爾尼琴，蘇聯作家《癌病房》
1971年　巴勃魯・聶魯達，智利詩人《情詩・哀詩・贊詩》
1972年　亨利希・伯爾，德國作家《女士及眾生相》
1973年　派翠克・懷特，澳大利亞小說家、劇作家《風暴眼》
1974年　埃溫特・詹森，瑞典作家《烏洛夫的故事》
　　　　哈里・艾德蒙・馬丁遜，瑞典詩人《露珠裡的世界》

1975年　埃烏傑尼奧·蒙塔萊，義大利詩人《生活之惡》
1976年　索爾·貝婁，美國作家《赫索格》
1977年　阿萊克桑德雷·梅洛，西班牙詩人《天堂的影子》
1978年　以撒·巴什維斯·辛格，美國作家《魔術師·原野王》
1979年　奧德修斯·埃里蒂斯，希臘詩人《英雄輓歌》
1980年　切斯瓦夫·米沃什，波蘭詩人《拆散的筆記簿》
1981年　埃利亞斯·卡內蒂，英國德語作家《迷茫》
1982年　加夫列爾·加西亞·馬爾克斯，哥倫比亞記者、作家《百年孤寂》
1983年　威廉·戈爾丁，英國作家《蠅王·金字塔》
1984年　雅羅斯拉夫·塞弗爾特，捷克詩人《紫羅蘭》
1985年　克洛德·西蒙，法國小說家《弗蘭德公路·農事詩》
1986年　沃萊·索因卡，尼日利亞劇作家、小說家《雄獅與寶石》
1987年　約瑟夫·布羅茨基，蘇裔美籍詩人《從彼得堡到斯德哥爾摩》
1988年　納吉布·馬哈富茲，埃及作家《街魂》
1989年　卡米洛·何塞·塞拉，西班牙小說家《為亡靈彈奏》
1990年　奧克塔維奧·帕斯，墨西哥詩人《太陽石》

1991年 內丁·戈迪默，南非作家《七月的人民》

1992年 德里克·沃爾科特，聖盧西亞詩人《西印度群島》

1993年 托妮·莫里森，美國作家《寵兒》

1994年 大江健三郎，日本小說家《我們的時代》

1995年 希尼，愛爾蘭詩人《引向黑暗之門》

1996年 辛波絲卡，波蘭詩人《我們為此而活著》

1997年 達里奧·福，義大利諷刺劇作家《一個無政府主義者的意外死亡》

1998年 若澤·薩拉馬戈，葡萄牙記者、作家《盲目》

1999年 君特·格拉斯，德國作家《鐵皮鼓》

2000年 高行健，華裔法籍劇作家、小說家《靈山》

2001年 維·蘇·奈保爾，印度裔英國作家《大河灣》

2002年 伊姆雷·凱爾泰斯，匈牙利作家《苦役日記》

2003年 庫切，南非作家《恥》

2004年 艾爾弗雷德·耶利內克，奧地利小說家、劇作家兼詩人《鋼琴教師》

2005年 哈洛·品特，英國劇作家兼導演《生日派對·看門人·回鄉》

2006年 奧爾罕·帕穆克，土耳其小說家《我的名字叫紅》

2007年 多麗絲・萊辛，英國小說家《金色筆記》

2008年 朗・馬里・古斯塔夫・勒克萊齊奧，法國小說家《戰爭》

作文老師的叮嚀

西洋文學分為上古文學、中古文學、文藝復興、新古典主義、浪漫主義、寫實主義和二十世紀文學思潮等階段；研讀西洋文學作品，不僅能瞭解西方文化的發展，更能從作品中認識西洋文學寫作的思維、創作風格，以及文字運用手法。

西洋文學喜歡用隱喻的方式表達，因此，如果能接觸原文，藉機打好英文的底子，對於認識西洋文學可以達到一定的效果。

作文六級分的評分準則

作文六級分的評分準則

六級分 ——

六級分的文章是優秀的，此種文章明顯具有下列特點：

立意取材：能依據題目及主旨選取適當的材料，並能進一步闡述說明，以凸顯文章的主旨。

結構組織：文章結構完整，段落分明，內容前後連貫，並能運用適當的連接詞聯貫全文。

遣詞造句：能精確使用語詞，並有效運用各種句型，使文句流暢。

錯別字、格式及標點符號：幾乎沒有錯別字及格式、標點符號運用上的錯誤。

五級分 ——

五級分的文章在一般水準之上，此種文章明顯具有下列特點：

立意取材：能依據題目及主旨選取相關材料，並能闡述說明主旨。

結構組織：文章結構大致完整，但偶有轉折不流暢之處。

遣詞造句：能正確使用語詞，並運用各種句型，使文句通順。

錯別字、格式及標點符號：少有錯別字及格式、標點符號運用上的錯誤，但不影響文意的表達。

四級分——

四級分的文章已達一般水準，此種文章明顯具有下列特點：

立意取材：能依據題目及主旨選取材料，尚能闡述說明主旨。

結構組織：文章結構稍嫌鬆散，或偶有不連貫、轉折不清之處。

遣詞造句：能正確使用語詞，文意表達尚稱清楚，但有時會出現冗詞贅句，句型較無變化。

錯別字、格式及標點符號：有一些錯別字及格式、標點符號運用上的錯誤，但不至於造成理解上太大的困難。

三級分——

三級分的文章是不充分的，此種文章明顯具有下列缺點：

立意取材：嘗試依據題目及主旨選取材料，但選取之材料不甚適切或發展不夠充分。

結構組織：文章結構鬆散，且前後不連貫。

遣詞造句：用字遣詞不夠精確，或出現錯誤，或冗詞贅句過多。

錯別字、格式及標點符號：有一些錯別字及格式、標點符號運用上的錯誤，以致於造成理解上的困難。

二級分——

二級分的文章在各方面表現都不夠好，在表達上呈現嚴重問題，除了有三級分文章之缺點，並有下列缺點：

立意取材：雖嘗試依據題目及主旨選取材料，但所選取的材料不足或未能加以發展。

結構組織：結構本身不連貫，或僅有單一段落，但可區分出結構。

遣詞造句：用字、遣詞、構句常有錯誤。

錯別字、格式及標點符號：不太能掌握格式，不太會使用標點符號，且錯別字頗多。

一級分——

一級分的文章顯現出嚴重缺點，雖提及文章主題，但無法選擇相關題材、組織內容，並且不能在文法、字詞及標點符號之使用上有基本的表現。此種文章具有下列缺點：

立意取材：僅解釋提示，或雖提及文章主題，但無法選取相關材料加以發展。

結構組織：沒有明顯的文章結構，或僅有單一段落，且不能辨認出結構。

遣詞造句：用字遣詞有很多錯誤或甚至完全不恰當，且文句支離破碎。

錯別字、格式及標點符號：完全不能掌握格式，不會運用標點符號，且錯別字極多。

○級分——

空白、離題、只重抄題目或只抄寫題目說明、缺考。

評分規定和準則說明：

1.上上：六級分的文章是優秀的。上下：五級分的文章在一般水準之上。

2.中上：四級分的文章已達一般水準。中下：三級分的文章是不充分的。

3.下上：二級分的文章在各方面表現都不好，在表達上呈現嚴重的問題。

4.下下：一級分的文章顯現出嚴重缺點，無法選擇相關題材、組織內容，並且不能在文法、字詞、及標點上有基本的表現

5.無法判定：空白、離題、只重抄題目或只抄寫題目說明、缺考。

作文名師‧文學作家

陳銘磻

曾任國小教師、電台廣播節目主持人、台視「書香」節目主持人。與吳念真、林清玄聯合擔任中央電影公司電影「香火」編劇。雜誌總編輯兼社長、出版社發行人。耕莘寫作會主任導師、救國團大專編研營駐隊導師。國家文藝獎文學類提名委員。曾以〈最後一把番刀〉一文獲中國時報第一屆報導文學優等獎。《情話》、《軍中笑話》、《尖石櫻花落》曾入選金石堂暢銷書排行榜。《香火》、《報告班長》、《部落‧斯卡也答》為電影原著。曾以〈聽見櫻花雨落聲〉入選九十二年散文選、〈雪落無聲〉入選九十六年散文選（九歌出版）。

著作有：《賣血人》、《最後一把番刀》、《父親》、《尖石櫻花落》、《櫻花夢》、《遇見雙魚座的男人》、《花心那羅》、《陳銘磻報導文學集》、《夢浮伊豆》、《雪琉璃》、《作文高手一本通》、《雪落無聲》、《新店渡》、《作文得高分密技》、《青雲有路志為梯》（中英文版）、《幸福正在旅行》《開往北海道的幸福列車》等七十餘部。

現任台北柯林頓補習班國中國小作文與閱讀老師、大愛電視台〈發現〉節目主持人。

作文高手在一班(1)

作文最常寫錯的字

定價250元

寫好作文的第一步：深入認識漢字，與錯別字說bye bye！

作文名師35年的文字功力一次灌輸給你，作文高分不再是夢想！

作文高手在一班(2)

作文最常用錯的詞

定價260元

滾動著繽紛的詞彙，是層層疊疊的雅致構造。

伸展作文用詞的雙翼，帶領名詞、動詞、介詞、助詞、形容詞等各類詞語，如何編織成錦，拈錦掛帆，翩然啟錨而行，裊娜宛轉出一篇好文。

作文高手在一班(3)

作文最常見的病句

定價270元

用心寫的文章最真，有心寫的文章最美

學生作文最常見的「病句」型態有：錯字、贅字、標點錯誤、用詞不當、詞類誤用、語序不當、搭配不當、成分殘缺、結構混亂、表意不明和邏輯不通等。如何使用正確的詞句？使用怎樣的句子組合？如果載心，餘心有寄；動之以情，曉之以理；是為文過程不能忽視的要點。

國家圖書館出版品預行編目資料

作文最常見的病句 / 陳銘磻著.
第一版——臺北市：紅蕃薯文化出版；
紅螞蟻圖書發行, 2009.6
面； 公分. ——（資優學園；20）

ISBN 978-986-6400-01-8（平裝）

1.漢語教學 2.作文 3.寫作法 4.句法 5.中等教育
524.313 98008423

資優學園 20
作文最常見的病句
作　　者 / 陳銘磻
美術構成 / Chris' office
校　　對 / 楊安妮、朱慧蒨、陳銘磻
發 行 人 / 賴秀珍
榮譽總監 / 張錦基
總 編 輯 / 何南輝
出　　版 / 紅蕃薯文化事業有限公司
發　　行 / 紅螞蟻圖書有限公司
地　　址 / 台北市內湖區舊宗路二段121巷28號4F
網　　站 / www.e-redant.com
郵撥帳號 / 1604621-1　紅螞蟻圖書有限公司
電　　話 / (02)2795-3656（代表號）
傳　　真 / (02)2795-4100
數位閱聽 / www.onlinebook.com
港澳總經銷 / 和平圖書有限公司
地　　址 / 香港柴灣嘉業街12號百樂門大廈17F
電　　話 / (852)2804-6687
新馬總經銷 / 諾文文化事業私人有限公司
新 加 坡 / TEL：(65) 6462-6141　FAX：(65) 6469-4043
馬來西亞 / TEL：(603) 9179-6333　FAX：(603) 9179-6060
法律顧問 / 許晏賓律師
印 刷 廠 / 鴻運彩色印刷有限公司
出版日期 / 2009年6月　第一版第一刷

定價270元　港幣90元

ISBN 978-986-6400-01-8　Printed in Taiwan